Erprobte Kochrezepte

Von Anneliese Hillebrand

SCHNELL Warendorf

Impressum

SCHNELL Buch & Druck
Warendorfer Lieblingsbücher

Erprobte Kochrezepte

Autorin:
Anneliese Hillebrand, Lippstadt
Titelbild und Illustrationen:
Barbara Kirchner, München
Umschlaggestaltung:
Dipl.-Designer Georg Sturm, Lippstadt

Oststraße 24, 48231 Warendorf
ISBN 978-3-87716-729-8

4. Auflage April 2009

Grußwort

Als ich vor geraumer Zeit von der pensionierten Lehrerin Anneliese Hillebrand gefragt wurde, ob ich als Vertreter des Schulamtes für den Kreis Soest, in dessen Bereich sie vierzig Jahre als engagierte Pädagogin gearbeitet hat, bereit sei, ein Grußwort für zwei von ihr geplante Kochbücher zu schreiben, sagte ich spontan zu.
Diese Zusage fiel mir umso leichter, weil ich in Schule und Lehrerfortbildung die engagierte Arbeit Frau Hillebrands im Fach Hauswirtschaft und in ihren anderen Fächern sowohl aus der Perspektive des Kollegen als auch aus der des Schulaufsichtsbeamten erleben konnte.
Zudem soll der Verkaufserlös dieser Bücher zur Unterstützung benachteiligter Kinder und Jugendlicher genutzt werden, getreu dem Motto, dass das Beste, was man auf der Welt tun kann, ist, den Menschen zu helfen.
Der reiche Schatz an Erfahrung ließ diese Werke entstehen. Die zündende Idee, der Mut und das Engagement Frau Hillebrands sind zu bewundern.
So wünsche ich ihr für den Verkauf dieser zwei Bücher –" Erprobte Kochrezepte" und "Erprobte Backrezepte " - viel Erfolg.

Klemens Steffenbröer
Schulamtsdirektor
Schulamt für den Kreis Soest

Soest, im Juli 2005

Vorwort

Während meiner fast 40 jährigen Lehrtätigkeit habe ich auch das Fach Hauswirtschaft unterrichtet.
Da in diesem Fach nur zwei Unterrichtsstunden zur Verfügung standen und die Zeit somit knapp bemessen war, entwickelte ich eine einfache, verständliche und sehr übersichtliche Rezeptform.
Von meinen ehemaligen Schülerinnen und Schülern, meiner Familie und meinen Freunden erhielt ich viele Rezepte, von denen ich die brauchbaren erprobte, abwandelte und in meine Rezeptform brachte.

Es entstanden schließlich zwei Bücher;
ein Kochbuch: Erprobte Kochrezepte,
ein Backbuch: Erprobte Backrezepte.

Den gesamten Erlös dieser Bücher möchte ich bedürftigen Kindern und Jugendlichen zukommen lassen.

Dank sage ich allen,
- die mir ihre Rezepte zur Verfügung gestellt,
- meiner Freundin Barbara für die Bildgestaltung
- und besonders denen, die Korrektur gelesen und zum Entstehen dieser beiden Bücher beigetragen haben.

Anneliese Hillebrand
Lippstadt, im August 2006

Hinweise vorab:

Die Angaben der Garzeiten im Backofen und die der Temperaturen sind nur Richtwerte.

Jeder Ofen ist anders!

Bitte achten Sie bei den ersten Zubereitungen auf Ihre individuell benötigte Garzeit und Temperatur.

Die Temperaturangaben beziehen sich auf konventionelle Beheizung mit Ober- und Unterhitze.

Beim Garen mit Umluft ziehen Sie 20°C von den angegebenen Temperaturen ab, wenn die Angabe für Umluft fehlt.
Die Garzeit bleibt gleich.

Wenn Sie einen Gasherd haben, stellen Sie den Schalter nach den Angaben des Herstellers ein.

Eine Hautbildung bei gekochten Süßspeisen kann durch Frischhaltefolie (Klarsichtfolie) vermieden werden.
Die Folie muss direkt auf die Creme gedrückt werden.

Soßen und Süßspeisen werden dünn, wenn sie mit Speichel in Verbindung gebracht werden.
Wichtig:
Immer mit 2 Esslöffeln abschmecken!

<u>Wichtiger Hinweis:</u>

Die Rezeptangabe gilt bei jedem Gericht für 4 Personen, wenn nicht ausdrücklich eine andere Angabe gemacht wird.

Flüssigkeitsmengen:

1000 ml (1 l)	Wasser	= 1 kg	=	1000 g
750 ml ($\frac{3}{4}$ l)	Wasser	= $\frac{3}{4}$ kg	=	750 g
500 ml ($\frac{1}{2}$ l)	Wasser	= $\frac{1}{2}$ kg	=	500 g
375 ml ($\frac{3}{8}$ l)	Wasser	= $\frac{3}{8}$ kg	=	375 g
250 ml ($\frac{1}{4}$ l)	Wasser	= $\frac{1}{4}$ kg	=	250 g
200 ml ($\frac{1}{5}$ l)	Wasser	= $\frac{1}{5}$ kg	=	200 g
125 ml ($\frac{1}{8}$ l)	Wasser	= $\frac{1}{8}$ kg	=	125 g
100 ml ($\frac{1}{10}$ l)	Wasser	= $\frac{1}{10}$ kg	=	100 g

15 ml	Wasser	= 1 Essl.
150 ml	Wasser	= 1 Kaffeetasse (1 cm tiefer)
200 ml	Wasser	= 1 Kaffeetasse, gestr.

ml = ccm

Abkürzungen / Rezepterklärungen:

□ = gewürfelt
fein □ = fein gewürfelt, klein gewürfelt
O = Scheiben, Ringe
⊖ = halbe Scheiben, halbe Ringe
Ø = Durchmesser
kg = Kilogramm
g = Gramm
l = Liter
ml = Milliliter
ccm = Kubikzentimeter
Essl. = Esslöffel
Teel. = Teelöffel
Pr. = Prise
Msp. = Messerspitze
St. = Stück
P. = Päckchen
gestr. = gestrichen
geh. = gehackt
gesch. = geschabt
gem. = gemahlen
getr. = getrocknet
gr. = groß
mittelgr. = mittelgroß
kl. = klein
gek. = gekocht
ger. = gerieben, geräuchert
TK = Tief - Kühl
Bd. = Bund   Stg. = Stange

Std.	=	Stunden
Min.	=	Minuten
z.B.	=	zum Beispiel
evtl.	=	eventuell
i.Tr.	=	in Trockensubstanz
Pers.	=	Personen
v.	=	von

Eiweiß, sauber	=	ohne Eigelb
Überzugsschokolade	=	Kuchen-Glasur
geschabte Mandeln	=	Mandelblättchen
Zimtzucker	=	Zimt und Zucker vermischt
Butterschmalz	=	Butaris

Vorspeisen

Salatteller Florida

	für 4 Pers. Salat nach Wunsch	große, flache Teller gut auslegen
Salatsoße:		
4	Essl. Olivenöl	
2 - 3	Essl. Essig (Balsamico Bianco)	verrühren,
	oder Zitronensaft	abschmecken,
	Salz	die Salatblätter beträufeln
	Pfeffer	
	Zucker	
1/2	kleine Zwiebel ◻ nach Wunsch	
1	Essl. Olivenöl	erhitzen
40 g	Butter	
500 g	Putenbruststreifen	dazu, kurz anbraten
	Salz Pfeffer Paprika	die Putenbruststreifen gut würzen, 3 - 4 Min. weiter gar schmoren lassen, heiß in die Mitte auf die Salatteller geben
2 - 3	Orangen	schälen, in Spalten schneiden, als Garnierung rundherum auf den Salat legen

Beilage: Toast

Krabben-Cocktail (Vorspeise)

Krabben Mandarinen Ananasstücke Selleriestreifen Reis (gekocht) Pistazien	die gewünschte Menge der Zutaten in eine Schüssel geben
Salatsoße: Crème fraîche Quark Sahne	verrühren
Salz Senf Zucker Ketschup Weinbrand	abschmecken
	die Salatsoße über die Zutaten gießen, vorsichtig einmal vermengen
Garnierung: Zitronen- oder Limettenscheiben Salatblätter Petersilie	den Krabben-Cocktail in Gläsern oder auf Glastellern anrichten, nach Wunsch garnieren

Beilage: Baguette oder Toast

Geflügelcocktail

300 g Hühnerfleisch, gegart 2–3 Scheiben Ananas 1 kl. Dose Champignons	in Streifen schneiden
Salatsoße: 125 g Sahne 4 Essl. Majonäse 1–2 Essl. Tomatenketschup	verrühren
1–2 Essl. Weinbrand Zitronensaft Salz Pfeffer, wenig Zucker	abschmecken
	die Salatsoße mit den anderen Zutaten vorsichtig mischen, eine Stunde ziehen lassen
6–8 Blatt Salat	waschen, gut abtropfen lassen
	den Geflügelcocktail auf Salatblättern anrichten

Anmerkung:
Der Geflügelcocktail eignet sich sehr gut als Vorspeise.

Salat-Torte

6	Blatt Eisbergsalat	den Boden einer vorbereiteten Springform (28 cm Ø) auslegen
3	Scheiben gekochten Schinken	den Salat gut bedecken
250 g 1 125 g 4 15 ½ 1 kl. 250 g 125 g ½ 125 g	Tomaten ○ Stg. Porree ⊖ Scheiben Goudakäse hart gekochte Eier ○ Radieschen ○ Salatgurke ○ Gemüsezwiebel ○ Tomaten ○ gekochter Schinken, in Streifen Salatgurke ○ Scheiben Goudakäse	alles der Reihe nach schichten, jede Schicht fest andrücken, mit Klarsichtfolie abdecken, einen Springformboden (26 cm Ø) darauf legen und gut beschweren, über Nacht auf einem Tablett kühl stellen, angesammelte Flüssigkeit abschütten
Soße: 3 250 g 250 g	 Essl. Miracel Whip Joghurt, mild Sahne	verrühren
Salz, Pfeffer, Zucker Essig, Chinagewürz		abschmecken
Petersilie, Schnittlauch		geschnitten unterheben

Die Soße zur angerichteten Salat-Torte reichen.

Schinkenröllchen, paniert

8	Scheiben gekochten Schinken	aufeinander legen, mit dem Schinken außen zusammenrollen
8	Scheiben jungen Goudakäse	
1	Ei	gut verrühren, Röllchen darin wenden
4	Essl. Milch	
	etwas Salz	
	etwas Pfeffer	
	Paniermehl	Röllchen darin wenden
3	Essl. Butter oder Margarine	erhitzen
		Röllchen vorsichtig in das heiße Fett legen, von beiden Seiten hellbraun braten, nicht zu früh wenden!

Beilage: Toast

Hawaii-Toast

4 Scheiben Weißbrot	leicht toasten
4 Scheiben gekochten Schinken	auf die Scheibe Weißbrot legen
4 Scheiben Ananas	gut abtropfen lassen, darauf legen
4 Scheiben Butterkäse	ebenfalls darauf legen
Ketschup	garnieren
	5-8 Min. im vorgeheizten Ofen überbacken, der Käse muss zerlaufen

Hawaii-Toast, pikant

4 Scheiben Vollkorntoast	leicht toasten
1 Teel. scharfer Senf	Brote bestreichen
4 Scheiben Ananas	gut abtropfen lassen, darauf legen
1 gestr. Teel. Paprikapulver	über die Ananasscheiben stäuben
4 Scheiben gekochten Schinken	ebenfalls darauf legen
4 Scheiben Käse	darauf legen
1 Eigelb 1 Teel. Dosenmilch	verquirlen und die Käsescheiben bestreichen
	10 Min. im vorgeheizten Ofen überbacken
Tomatenketschup oder Paprikapulver	vor dem Servieren garnieren

Überbackener Toast

4 Scheiben Toastbrot	leicht toasten
Butter	bestreichen
250 g Tatar Salz, Pfeffer etwas Senf	gewürzt auf die Brote verteilen
4 Tomaten ○	belegen
4 Scheiben Chesterkäse	auf jedes Brot legen
	im vorgeheizten Backofen bei etwa 200 °C überbacken

Hähnchentoast, indisch

4 Scheiben Vollkorntoast	leicht toasten
Butter	bestreichen
4 Salatblätter	auf jedes Brot legen
2 Essl. Majonäse	Salatblätter bestreichen
200 g Hähnchenfleisch, gebraten	dicht belegen
1 Tasse Sahne 2 gestr. Teel. Currypulver	Currysahne schlagen, als Haube auf das Hähnchenfleisch setzen
1 Apfel	geraspelt zum Schluss über die Brote streuen

Suppen

Helle Grundsuppe

40 g Butter oder Margarine	flüssig werden lassen, nicht bräunen
40 g Mehl	trocken dazu
1 l Flüssigkeit	nach und nach unter ständigem Rühren dazu, kurz aufkochen

Tomatensuppe

40 g Butter	auslassen, nicht bräunen
40 g Mehl	trocken dazu, verrühren
1 l Wasser 1½ Brühwürfel (Fette Brühe v. Maggi)	nach und nach unter ständigem Rühren dazu, kurz aufkochen
2 kl. Dosen Tomatenmark	dazu, 5 Min. köcheln
Salz etwas Fondor 1 Messerspitze Pfeffer evtl. etwas Zucker	abschmecken
etwas Reis, gegart	als Einlage dazu
Sahne	steif schlagen, 1 Teel. Sahne auf jeden angerichteten Teller geben
1 Teel. gehackte Petersilie	als Garnierung auf die Sahnehaube streuen

Klare Tomatensuppe

1 Essl. Olivenöl 1 kl. Flasche Tomatenketschup 1 Gemüsebrühwürfel 1/8 Teel. Pfeffer 1 Teel. Zucker 1 Teel. Zwiebelsalz 1 l Wasser	alles zusammen einmal aufkochen
2 Hand voll Fadennudeln	einstreuen, 15 Min. köcheln lassen
2 Tomaten □	dazu
Petersilie, gehackt	auf die angerichtete Suppe streuen

Mitternachtssuppe

1 Essl. Olivenöl	erhitzen
500 g Rinderhack	dazu, krümelig anbraten
1/2 l Wasser 1 Paprika □ 2 Zwiebeln □	dazu, 5 Min. köcheln lassen
1 Dose Tomatensuppe 2 Dosen Bohnen in Tomatensoße 1 Teel. Salz 1/2 Teel. Oregano Cayenne-Pfeffer	dazu, unter Rühren einmal aufkochen, 15 Min. köcheln lassen (Vorsicht – brennt schnell an!)
	abschmecken, anrichten

Mitternachtssuppe mit Weinbrand

60 g	durchwachsener, geräucherter Bauchspeck □	auslassen
1 1	Zwiebel □ kl. Dose Champignons ○ (ohne Flüssigkeit)	mit dem Bauchspeck kurz dünsten
2–3 1 1	Essl. Weinbrand Dose Maggi-Gulaschsuppe Dose Wasser	dazu, unter Rühren einmal aufkochen
	Salz Pfeffer Paprikapulver Cayenne-Pfeffer, gemahlen (wenig)	abschmecken, 1 Min. köcheln lassen, anrichten

Spargelcremesuppe

500 g Spargel	schälen, unter dem Köpfchen beginnen, die Enden, soweit sie holzig sind, abschneiden, in 2 cm lange Stücke schneiden
1 l Wasser etwas Salz ½ Teel. Zucker	abschmecken, den Spargel dazu, 15–20 Min. köcheln
Helle Grundsuppe: 40 g Butter	flüssig werden lassen, nicht bräunen
30 g Mehl	trocken dazu, verrühren
1 l Spargelwasser	nach und nach unter ständigem Rühren dazu, aufkochen
1–2 Eigelb 4 Eßl. Sahne	mit 2 Eßl. fertiger Suppe gut verrühren, unter Rühren in die Spargelcremesuppe geben
Salz evtl. etwas Zucker	abschmecken
Spargelstücke	dazu
Petersilie, gehackt	garnieren

Anmerkung:
Die Suppe darf nach dem Legieren nicht mehr kochen, da das Eigelb durch Kochen gerinnt.

Spargel-Sahne-Cremesuppe

1 1/2 kg Spargel	schälen, in 2 cm lange Stücke schneiden
1 l Wasser 1 1/2 Teel. Salz 2 Teel. Zucker	kochen, Spargel dazu, 15-20 Min. köcheln lassen
	den garen Spargel in einen Durchschlag schütten, Spargelwasser auffangen
3 P. Spargelcreme-suppe von Maggi Meisterklasse 1 l Wasser 1/2 l Sahne	zusammen unter Rühren einmal aufkochen
	Spargelwasser dazu
1 Messerspitze Safran	dazu, unter Rühren nochmals aufkochen
	den heißen Spargel dazu
Salz evtl. Zucker	abschmecken
gehackte Petersilie	auf die angerichtete Spargelsuppe streuen

Anmerkung:
Diese Suppe lässt sich sehr gut mit eingefrorenem Spargel zubereiten.

Die Menge reicht für 12 Suppentassen.

Möhrensuppe, pikant

6 Pers.

3	Essl. Öl	erhitzen
1	Zwiebel □	dazu, anschwitzen
2 1/2 1	Bund Möhren □ (ca. 1 500 g) Teel. Kümmel gestr. Teel. Zucker	dazu, kurz anschmoren
1 1 1 2	l Wasser Würfel Klare Gemüsebrühe Essl. geh. Petersilie cm Ingwer, geschält Salz Pfeffer	dazu, 20 Min. köcheln lassen
		Ingwer herausnehmen, mit dem Zauberstab pürieren
150	g Crème fraîche	dazu, unter die Suppe rühren, abschmecken
	Schnittlauchröllchen	die angerichtete Suppe garnieren

Verfeinerung:

1	kl. Glas Sherry	nach Wunsch dazu
	Lachsstreifen	falls gewünscht als Einlage

Gemüsesuppe

1	Essl. Olivenöl	erhitzen
300 g	Mett	zerbröseln, dazu, anbraten
1 1	Zwiebel □ Stg. Porree ⊖	dazu, kurz auschmoren
1 1 ½ 1	l Wasser Gemüsebrüh-würfel Teel. Thymian Knoblauchzehe □	dazu, einmal aufkochen
	Salz Pfeffer Sojasoße	abschmecken
450 g 50 g	TK Gemüse Fadennudeln	dazu, 15-20 Min. köcheln lassen
		abschmecken
2	Essl. gehackte Petersilie	vor dem Anrichten dazu

Anmerkung:
Statt TK Gemüse kann jedes gewünschte frische Gemüse verwandt werden.

Französische Gemüsesuppe

200 g	getrocknete, weiße Bohnen	mit Wasser bedeckt über Nacht einweichen, abgießen, mit $1\frac{1}{2}$ l Wasser 1 Std. zugedeckt garen
200 g 2 4 1	Brechbohnen rote Paprika Kartoffeln Zwiebel	putzen, waschen, Bohnen brechen, Gemüse und Kartoffeln würfeln, zu den Bohnen geben
1	Stiel Basilikum	abspülen, dazu
1	Essl. gekörnte Brühe Salz, Pfeffer	würzen, 15 Min. köcheln lassen
2	Zucchini	putzen, waschen, in Scheiben schneiden, dazu
1	Dose (270 g) rote Kidney-Bohnen	abtropfen lassen, dazu, 10–15 Min. weiter köcheln lassen
2	Tomaten ☐	dazu, die Suppe kräftig würzen, anrichten, mit den Beilagen servieren

Beilagen zur Französischen Gemüsesuppe:
Röstweißbrot, Greyerzer-Käse
Würzige Knoblauchpaste
Stangenbrot

Beilagen zur Französischen Gemüsesuppe

Röstweißbrot

3-4	Essl. Olivenöl	erhitzen
4	Scheiben Weiß-brot □	dazu, rösten, anrichten

Greyerzer-Käse

100 g Käse	reiben
	anrichten

Würzige Knoblauchpaste

4	Knoblauchzehen	zusammen mit dem Mixstab pürieren
2-3	Tomaten □	
	etwas Tomaten-mark	
6	Essl. Olivenöl, kaltgepresst	
	Salz	
	Pfeffer	
		abschmecken, anrichten

Stangenbrot in Scheiben geschnitten dazu reichen.

Kalte Gemüsesuppe

1 kg	Tomaten, häuten, entkernen □	zusammen mit dem Mixer pürieren
1	Paprika □	
1	Salatgurke □	
1	Zwiebel □	
4	Knoblauchzehen □	
150 g	Weißbrot	entrinden, zerkrümeln
5	Essl. Olivenöl	nach und nach mit dem Mixer unter die Krümel rühren
2	Essl. Weinessig	abschmecken, die Krümel zum Gemüsepüree geben
$\frac{3}{4}$ l	Hühnerbrühe	abgekühlt dazu, kräftig durchrühren
	Salz	abschmecken, kalt stellen
Beilagen:		
50 g	Butter	auslassen
6	Scheiben Weißbrot □	dazu, rösten, in eine kl. Schüssel geben
$\frac{1}{2}$	Salatgurke □	jede Beilage getrennt in kl. Schüsseln füllen
2	rote Zwiebeln □	
250 g	Tomaten, entkernen □	
1	grüne Paprika □	
		die Beilagen getrennt zur kalten Suppe servieren

Anmerkung:

Die Suppe kann bereits am Vortag zubereitet und im Kühlschrank aufbewahrt werden. Vor dem Servieren kräftig durchrühren.

Französische Zwiebelsuppe

6 Pers.

100 g Butter	in einem Suppentopf erhitzen (nicht bräunen)
500 g Zwiebeln O	dazu, unter ständigem Rühren goldgelb dünsten
3 Tassen Fleischbrühe	dazu, 10 Min. köcheln lassen
2 Teel. Zucker	in einem kl. hohen Topf bräunen
1 Tasse Fleischbrühe	den gebräunten Zucker schnell ablöschen und zur Suppe geben
1 Glas Weißwein Salz Pfeffer	die Suppe abschmecken und in feuerfeste Suppentassen füllen
6 Scheiben Weißbrot	toasten, auf die Suppe legen
4 Essl. Käse, gerieben	die Toastscheiben dick bestreuen
	schnell unter einem Grill den Käse überbacken und sofort servieren

Abwandlung:
Diese Zwiebelsuppe kann auch ohne Wein zubereitet werden.

Kartoffelsuppe mit Schinkenstreifen

1	Essl. Olivenöl	
40 g	durchwachsener, geräucherter Bauchspeck □	auslassen
2-3	Zwiebeln □	
100 g	Sellerie □	dazu,
1-2	Möhren □	goldbraun braten
1	Stg. Porree ⊖	
7-8	Kartoffeln □	dazu, 15 Min.
1/2	l Milch	köcheln lassen
		mit einem Mixstab alles zu einer cremigen Suppe verarbeiten
	Salz	
	wenig Pfeffer	abschmecken
1	Prise Zucker	
	etwas Sahne	
Einlage:		
2	Essl. Olivenöl	erhitzen
200 g	gekochter Schinken	in Streifen, fein geschnitten dazu, kurz anbraten
	Petersilie oder Dill	hacken
		die Kartoffelsuppe in vorgewärmten Suppentassen anrichten, mit Schinken und Kräutern bestreuen

Sahnige Kartoffelsuppe

50 g Butter	in einem Suppentopf erhitzen (nicht bräunen)
2 Zwiebeln □	dazu, kurz anschmoren
250 g Kartoffeln □ 1 Stg. Porree ○ 200 g frische Champignons ○ (2 Essl. zurück-lassen)	dazu
Salz frisch gem. Pfeffer 1 Prise Ingwer-pulver	würzen
	alles unter ständigem Rühren dünsten, aber nicht bräunen
1 l Hühnerbrühe (Klare Hühner-Bouillon)	dazu, 20 Min. köcheln lassen
	mit dem Mixstab pürieren
125 g Sahne	dazu
Salz frisch gem. Pfeffer wenig geriebene Muskatnuss	abschmecken, anrichten
geschn. Champignons 2 Essl. geh. Kerbel	darüber streuen

Kartoffel-Lauch-Suppe

6 Pers.

600 g geschälte Kartoffeln ☐ 2–3 Räucherendchen ½ Teel. Salz	zusammen in einen Topf geben, knapp mit Wasser bedecken, kochen, bis die Kartoffeln gar sind
	die Wurst herausnehmen, die Kartoffeln und die Flüssigkeit mit einem Mixstab pürieren, die Wurst in Scheiben schneiden, dazu
400 ml Brühe, Instant 250 g Porree ⊖	6 Min. köcheln lassen, zur Kartoffelsuppe geben, alles einmal aufkochen
Salz schwarzer Pfeffer etwas Curry wenig Muskat	abschmecken
200 g Buko Frischkäse "Der Sahnige"	dazu, unter Rühren in der heißen Suppe auflösen
gehackte Petersilie	vor dem Anrichten dazu

Anmerkung:
Nach Wunsch ½–1 Glas Cocktailwürstchen hinzufügen.
Beilage:
Baguette oder Partybrötchen

Sellerie-Kartoffel-Cremesuppe

800 g Sellerie □ 1 kg Kartoffeln □ 2-3 Zwiebeln □ 2 Gemüse-Brühwürfel 1 l Wasser	zusammen 30 Min. kochen
	mit einem Mixstab alles zu einer cremigen Suppe verarbeiten
300 g Crème fraîche mit Kräutern	unter die Suppe rühren
Salz Pfeffer Fondor	abschmecken
Einlagen: 100 g gekochter Schinken □ oder 100 g Lachs in Streifen oder 100 g Käse, Gouda □	nach Wunsch dazu
Basilikumblätter	als Garnierung

Anmerkung:
Die Menge reicht für 12 Suppentassen.
Die Sellerie-Kartoffel-Cremesuppe lässt sich ausgezeichnet einfrieren.

Tomaten-Kartoffelsuppe

2 Essl. Öl	erwärmen
1 Zwiebel □ 1 Stg. Porree ⊖	dazu, kurz anschwitzen
3 mittelgroße Kartoffeln □ ¼ l Fleischbrühe	dazu, 20 Min. garen
	mit dem Miscstab alles zu einer cremigen Suppe verarbeiten
½ l Tomatensaft 200 g Sahne 1 Msp. Oregano etwas Basilikum etwas Thymian 1 Essl. Pesto 2 Essl. geriebener Parmesankäse	dazu, unter Rühren einmal aufkochen
Salz Pfeffer	abschmecken

Anmerkung:
Pesto ist eine italienische Basilikumzubereitung und in kleinen Gläsern zu kaufen.
Die Tomaten-Kartoffelsuppe lässt sich gut einfrieren.

Kartoffelsuppe

6 Pers.

750 g Kartoffeln, fein □ 1 1/2 l Wasser 3–4 Stangen Porree ⊖ 3 Räucherenden ○ 3 Teel. gekörnte Brühe 1 Lorbeerblatt	in einen großen Kochtopf geben
500 g Möhren 400 g Sellerie	fein raspeln, dazu
	alles zusammen 30 Min. köcheln lassen
1/2 runde Fleischwurst mit Knoblauch □	dazu
Salz Pfeffer Fondor	abschmecken

Anmerkung:
Diese Kartoffelsuppe schmeckt am nächsten Tag aufgewärmt besonders gut.

Kürbissuppe

30 g Butter 2 Zwiebeln □ 1 Stg. Porree ⊖	dünsten
1 kg Kürbis (Hokkaido)	schälen, die Kerne und das faserige Gewebe entfernen, würfeln, dazu
½ l Wasser 1 Gemüsebrühwürfel	dazu, aufkochen
Salz Pfeffer Curry Basilikum Liebstöckel	würzen, 15 - 20 Min. köcheln lassen
	mit dem Mixstab zu einer cremigen Suppe verarbeiten
150 g Sahne oder Crème fraîche	unter die Suppe rühren
	nochmals abschmecken
Einlagen: Käse □ geröstete Brotwürfel	nach Wunsch auf die angerichtete Suppe streuen

Anmerkung:
Bei dem Hokkaido-Kürbis kann die Schale mit verwandt werden.

Französische Kürbissuppe

30 g Butter 2 Stg. Porree ⊖	dünsten
500 g Kürbisfleisch □ 300 g Kartoffeln □ ¼ l Milch ¼ l Wasser	dazu, aufkochen
Salz Pfeffer	abschmecken, 20 Min. köcheln lassen
	mit dem Mixstab zu einer cremigen Suppe verarbeiten
150 g Crème fraîche	unter die Suppe rühren und nochmals abschmecken
geröstete Brotwürfel geh. Petersilie	auf die angerichtete Kürbissuppe streuen

Geröstete Weißbrotwürfel

6-8	Weißbrotscheiben	entrinden und würfeln
4-5	Essl. Knoblauch-öl	die Weißbrotwürfel beträufeln, auf ein mit Backpapier ausgelegtes Backblech geben
		im vorgeheizten Back-ofen bei 180° C ca. 20 - 30 Min. goldbraun rösten

Schnelle Käsesuppe

4–6 Pers.

1	Essl. Öl	erhitzen
200 g 200 g	Gehacktes Mett	dazu, krümelig anbraten
3–4 2–3	Zwiebeln □ Stg. Porree ⊖	dazu, zugedeckt 3 Min. schmoren lassen
1½ l 1	Brühe kleine Dose Champignons ○	dazu, 20 Min. köcheln lassen
150 g 150 g	Sahneschmelz- käse Kräuterschmelz- käse	dazu, rühren, bis der Käse geschmolzen ist
	Salz Pfeffer	abschmecken
	gehackte Kräuter	für die Garnierung
		die Suppe heiß servieren

Pikante Maissuppe

300 g	durchwachsener, geräucherter Bauchspeck □	15 Min. köcheln lassen
½ l	Wasser	
1	Lorbeerblatt	
1	grüne Paprika	in Streifen schneiden, dazu, 5 Min. weiter garen
1	rote Paprika	
1	gelbe Paprika	
1 gr.	Dose Mais (ca. 600 g)	mit der Flüssigkeit dazu, 5 Min. weiter köcheln lassen
½	runde Fleischwurst mit Knoblauch □	dazu, nochmals aufkochen
	Thymian Majoran Salz Cayenne-Pfeffer	abschmecken

Sauerkrautsuppe

10-15 Pers.

4 Essl. Öl 500 g Zwiebeln ○	glasig dünsten
1 kg Gehacktes	dazu, leicht krümelig anbraten
2 l Fleischbrühe 500 g Sauerkraut, kleingeschnitten 1 gr. Flasche Tomatenketschup	dazu, 30 Min. köcheln lassen
Salz Pfeffer Tomatenmark	abschmecken
50 g Sahne	die Suppe verfeinern

Abwandlung:
2-3 gepresste Knoblauchzehen dazu

Anmerkung:
Wenn die Fleischbrühe aus Rindfleisch hergestellt wird, schmeckt die Sauerkraut-suppe vorzüglich.

Damit die Suppe nicht zu sauer wird, das Sauerkraut vorher gut ausdrücken.

Sauerkrautsuppe (Lumpensuppe) 6–8 Pers.

3	Essl. Öl	
3–4	Zwiebeln ○	glasig dünsten
500 g	Mett	dazu, leicht krümelig anbraten
1 ½ l	Wasser	
2	Gemüsebrühwürfel	
5	Essl. Weinsauerkraut, ausgedrückt	dazu, 30 Min. köcheln lassen
3	Gewürzgurken □	
1	Essl. Tomatenmark	
¼	Teel. Kümmel	
	Salz Pfeffer Paprikapulver Tomatenketschup	abschmecken
50 g	Crème fraîche	nach Wunsch dazu
	etwas Schnittlauch, geschnitten	als Garnierung auf die Suppe streuen

Anmerkung:
Kümmel kann auch mit etwas Wasser 20 Min. gekocht werden, durchsieben und nur das Kümmelwasser dazu geben.

Sauerkrautsuppe mit Kabanossi

6-8 Pers.

250 g	durchwachsener, geräucherter Bauchspeck □	in einem großen Topf anbraten
2-3 1-2	Zwiebeln □ Knoblauchzehen □	dazu, glasig dünsten
1½ l	Wasser	dazu, zum Kochen bringen
	1 kl. Dose Sauerkraut ca. 400 g	gut ausdrücken, auseinander zupfen, zur Suppe geben
250 g	Kassler, fein □	hinzugeben, alles 30 Min. köcheln lassen
1	grüne Paprika	waschen, in feine Streifen schneiden, dazu
300 g	Kabanossi ○ (lange Räucherwürstchen)	hinzufügen
	Paprikapulver Tabasco Salz	abschmecken
		die Suppe bei schwacher Hitze 15 Min. ziehen lassen
250 g	Sahne	cremig schlagen und vor dem Servieren unterheben

Hühner - Curry - Suppe

3 l	Wasser	
1 1/2	Essl. klare Hühner-Bouillon (Instant)	einmal aufkochen,
2	Teel. klare Gemüsebrühe (Instant)	gut abschmecken
	Salz	
2	große Hühnerschenkel	waschen, in die Brühe geben,
2	Hühnerbrüste (sind doppelt)	30 Min. köcheln lassen, aus der Brühe nehmen, kalt stellen
1/2	Ecke Kräuterkäse	zur Brühe geben,
150 g	Crème fraîche	gut verrühren
1	Teel. Currypulver	die Brühe abschmecken
	Salz	
	Fix-Soßen-binder, hell	die Suppe leicht binden

Die Hühnerbrüste mit einem elektrischen Messer sauber würfeln und in die Suppe geben. Die Hühnerschenkel zurück lassen.

1 1/2	große Apfelsinen	schälen, filetieren, sauber würfeln, in die Suppe geben
	geh. Petersilie	dazu, die Suppe anrichten

Anmerkung:
Die Menge reicht für 14 Suppentassen.
Die Hühnerschenkel später verwenden.

Partysuppe

10 Pers.

60 g Butterschmalz 1 kg Gulasch, kl. □	anbraten
500 g Zwiebeln ⊖	dazu, andünsten
1½ l Wasser	dazu, köcheln, bis das Fleisch fast gar ist
1 Dose Jägersuppe 1 Dose Gulaschsuppe 1 Dose Ochsenschwanzsuppe	dazu, unter Rühren einmal aufkochen (Suppen von Unox)
1 gr. Dose Champignons ○ 1 kl. Dose Mais 1 kl. Glas Preiselbeeren 1 Glas Tomatenpaprika 1 Glas Zigeuner-Sauce	mit der Flüssigkeit dazu, auf niedriger Temperatur zum Kochen bringen
300 g Tiefkühlerbsen	dazu, die Suppe 10 Min. ziehen lassen
Salz Pfeffer Paprika	abschmecken
geh. Petersilie	auf die angerichtete Partysuppe streuen

Die Partysuppe mit heißem Kräuter-Baguette servieren.

Partysuppe mit Kassler

16 Pers.

2 kg Kassler	klein würfeln
6 Essl. Olivenöl	erhitzen, die Kasslerwürfel dazu, anbraten
6 Zwiebeln □	dazu, kurz anschmoren
8 Paprika □ (grün, rot, gelb) 4 gr. Dosen Tomaten □ 2 gr. Dosen Mais, ohne Flüssigkeit 3-4 Gewürzgurken □ 1 l Wasser	dazu, einmal aufkochen
4 l Wasser 7 P. Knorr Zwiebelsuppe	in einen großen Topf geben, unter Rühren ein- mal aufkochen und die Zwiebelsuppe zu dem Fleisch gießen, zusammen einmal aufkochen lassen
Salz Pfeffer Cayenne-Pfeffer	abschmecken
1-2 Becher Sahne	vor dem Servieren dazu

Pikante-schlanke Partysuppe

10 Pers.

3 Essl. Öl 800 g Rinderhack- fleisch	anbraten
400 g Zwiebeln □	dazu, kurz bräunen
1 gr. Dose Tomaten □ mit der Flüssig- keit 2 l Wasser	dazu, aufkochen
Salz Pfeffer Rauchsalz Paprika Fondor	würzen
300 g geputzte Brechbohnen 300 g geputzte Paprikastreifen 300 g geputzte Porreeringe	dazu, 10 Min. köcheln lassen
2-3 Essl. klare Fleischbrühe 4-6 Spritzer Tabasco	pikant abschmecken
	20 Min. weiter garen

Pizza-Suppe

4		Essl. Olivenöl	erhitzen
500	g	Gehacktes	dazu, krümelig anbraten
3		Zwiebeln ◻	dazu, kurz anschmoren
3-4 1000 1 2 250 3	 g g	Tassen Brühe Tomatenpüree (kein Tomatenmark) Glas Tomaten- paprika mit Flüssigkeit Gläser Cham- pignons ohne Flüssigkeit Kräuter- oder Sahne-Schmelz- käse Teel. Pizza- gewürz	zugeben, einmal aufkochen, 10 Min. köcheln lassen
   1-2		Salz Pfeffer Tabasco Essl. Ketchup	abschmecken
250	g	Sahne	vor dem Servieren dazu

Beilage: Baguette

Pusztasuppe

6–8 Pers.

1 Essl. Olivenöl 1 kg Mett	krümelig anbraten
3 Dosen Tomatensuppe 1 gr. Glas Puszta-salat mit Flüssigkeit 1–2 gr. Gläser Puszta-salat ohne Flüssigkeit ½ l Wasser	unter Rühren einmal aufkochen, 5 Min. köcheln lassen
600 g Sahneschmelzkäse	dazu, 5 Min. köcheln lassen
200 g Sahne	dazu, alles gut verrühren
Salz Pfeffer Paprikapulver Fondor	abschmecken
gehackte Petersilie	auf die angerichtete Pusztasuppe streuen

Anmerkung:
Die Pusztasuppe mit Baguette servieren.

Gyros-Suppe, schnell

4-6 Pers.

500 g Gyrosfleisch	klein schneiden
3 Essl. Öl	erhitzen, Gyrosfleisch kurz anbraten
1 l Wasser 250 g Sahne 1 P. Zwiebelsuppe von Maggi 1 rote Paprika 1 grüne Paprika 1 kl. Dose Mais mit Flüssigkeit $\frac{1}{2}$ kl. Flasche Zigeuner-sauce $\frac{1}{2}$ kl. Flasche Chili-sauce	dazu, 15 Min. kochen lassen
Salz Pfeffer Chilisauce	abschmecken

Soljanka (Suppe)

100 g	durchwachsener, geräucherter Bauchspeck □	auslassen
200 g 1–2	Zwiebeln □ Knoblauchzehen □	dazu, glasig dünsten
500 g	Aufschnitt z.B. Rindfleisch Schweinefleisch Kassler Kochschinken Jagdwurst	in Streifen schneiden, dazu
100 g	Schlesische Gurkenhappen □	dazu
$1\frac{1}{4}$ l	Fleischbrühe (Gekörnte Brühe und Wasser)	dazu
100 g 1	Tomatenmark gestr. Essl. Rosenpaprikapulver	dazu, einmal aufkochen
	Salz Pfeffer Paprikapulver	abschmecken
	etwas steife Sahne geh. Petersilie evtl. Kapern	vor dem Anrichten die Suppe garnieren

Beilage:
Kümmelstangen oder Baguette

Serbische Bohnensuppe 8-10 Pers.

80g Butterschmalz	erhitzen
1 ½ kg Gulasch, ganz kl. □	anbraten
3 dicke Zwiebeln □	andünsten, aber nicht braun werden lassen
1 Teel. Salz ½ Teel. Pfeffer 1 ½ Teel. Paprikapulver	würzen
1 ½ l Wasser 3 Brühwürfel Fette Brühe v. Maggi	dazu
1 Dose weiße Bohnen mit Suppengrün 1 gr. Dose geschälte Tomaten □ 3 kl. Dosen Tomatenmark 1 kl. Dose weiße Bohnen mit Tomatensoße	alles dazu
1 kl. Glas Perlzwiebeln 1 Glas rote Paprika	ohne Flüssigkeit dazu
2 grüne Paprika □ 1 gelbe Paprika □ 1 eingelegte Gurke □	dazu und alles 1 Std. köcheln, es darf nicht ansetzen
3 Essl. Sojasoße 3 Essl. Tomatenketschup 3 Essl. Curryketschup	dazu und abschmecken

Beigabe: Toast oder Baguette

Große Bohnen-Suppe

3	Essl. Olivenöl	erhitzen
750 g	Mett	sehr kl. Bällchen formen, anbraten
4	dicke Zwiebeln □	dazu, kurz schmoren lassen, nach Wunsch etwas Fett abgießen
1 l	Fleischbrühe (Würfel)	dazu
100 g 1 1 1 1	Tomatenmark Essl. Paprikapulver Essl. Basilikum Essl. Thymian Essl. Oregano	alles dazu, einmal aufkochen
	Salz Pfeffer	abschmecken
750 g	Große Bohnen (Glas)	ohne Brühe dazu, alles 25 Min. köcheln lassen
500 g	Tomaten (Dose) klein □	ohne Brühe dazu
150 g 250 g	saure Sahne Sahne	dazu
   ½-1 Fl.	Salz, Pfeffer Tabasco Cayennepfeffer Chilisoße	abschmecken

Beilage: Baguette

Linsentopf, süß-sauer

4	Hühnerbrust-filets	in feine Streifen schneiden
4	Essl. Öl	erhitzen, Hühnerbruststreifen dazu, anbraten
2-3 1-2	Zwiebeln □ Knoblauchzehen □	dazu, kurz anschmoren
1	gr. Dose kleine Linsen (Berglinsen)	abgetropft dazu
½ ½-⅔	Flasche Mango Chutney Flasche Chili-Sauce	dazu, 10 Min. köcheln lassen
	Currypulver Salz Pfeffer	abschmecken

Beilage: Herzhaftes Brot

Anmerkung:
Statt 1 gr. Dose Linsen können auch zwei mittelgr. Dosen Linsen von Bonduelle à 425 g verwandt werden.

Reiterfleischsuppe

2	Essl. Olivenöl	erhitzen
1 kg	Mett	kleine Bällchen formen, anbraten
½	l Wasser	alles dazu, einmal aufkochen, 15 Min. köcheln lassen Vorsicht, brennt leicht an!
2	Dosen Ochsenschwanzsuppe	
1	Flasche Tomatenketschup (300 ml)	
1	Essl. Tomatenmark	
1	kl. Glas Tomatenpaprika mit Flüssigkeit	
1	mittelgr. Dose Champignons ○, ohne Flüssigkeit	
1	gr. Dose Ananas □ etwas Ananassaft	
2 - 3	Gewürzgurken □	
½	Teel. Paprikapulver	
1	Teel. Currypulver	
	etwas Tabasco	
1	Becher Sahne	dazu
		nochmals abschmecken

Anmerkung:
Falls die Reiterfleischsuppe früher zubereitet wird, die Champignons erst vor dem Verzehr dazu geben.
Beilage: Baguette

Königin - Luise - Suppe

12 - 20 Pers.

2 Essl. Öl	erhitzen
2 kg Bratwurst	in Klößchen dazu, leicht anbraten
2 Gemüsezwiebeln □ 3 Paprika □ (rot, gelb, grün)	dazu, kurz dünsten
2 l Wasser 3 Gemüse-Brühwürfel 3 Dosen gebundene Ochsenschwanzsuppe 1 gr. Dose geschälte Tomaten □ 1 Flasche Chilisoße 3 Essl. Sojasoße 3 Essl. Honig	dazu, einmal aufkochen, gut verrühren
2 gr. Dosen Champignons ○ 2 gr. Dosen Brechbohnen	ohne Flüssigkeit dazu, alles 5 Min. köcheln lassen
Salz Pfeffer Paprika	gut abschmecken
150 g Crème fraîche 200 g Sahneschmelzkäse (oder 300 g Crème fraîche)	dazu, vorsichtig unterrühren, wichtig: heiß servieren

Lachssuppe mit Safranfäden

6	Essl. Olivenöl	in einem Topf erhitzen
300 g 2 1 2 1 2 300 g	Zwiebeln □ Knoblauchzehen □ Stg. Porree ⊖ Scheiben Sellerie □ Fenchelknolle □ Möhren □ Tomaten ○	dazu, andünsten
1 l 1 ½ 3–4 1	Wasser Teel. Thymian Teel. Orangenfrucht (Finesse v. Dr. Oetker) Salz, Cayennepfeffer Safranfäden Lorbeerblatt	dazu, zum Kochen bringen, abschmecken
1 kg	Lachs	gut abspülen, dazu, 20 Min. köcheln lassen
		den Fisch und das Lorbeerblatt aus der Suppe nehmen, die Suppe pürieren, den Fisch würfeln und in die Suppe geben
  8–10 Essl.	Salz, Pfeffer Zitronensaft Cognac oder Pernod	die Lachssuppe abschmecken, anrichten
	geh. Petersilie	bestreuen

Nach Wunsch geröstete Weißbrotwürfel auf die angerichtete Lachssuppe geben.

Fleischgerichte
Fleischaufläufe

Gulasch

2 Essl. Öl 2 Essl. Butter oder 60 g Schweineschmalz	erhitzen
500 g Rindfleisch ☐	anbraten
2 Zwiebeln oder mehr ☐	andünsten, aber nicht braun werden lassen
Salz, Pfeffer Paprikapulver	würzen
½ l Wasser	dazu, 1½ – 2 Std. schmoren lassen
3 Essl. Crème fraîche	hineinrühren
Instant Mehl	einstreuen, unter Rühren zu einer cremigen Soße kochen
	abschmecken
Abwandlung:	
1 Paprikaschote	halbieren, von Kernen säubern, in Streifen schneiden
2–3 Tomaten	häuten, entkernen und hacken
	nach einer Stunde Schmorzeit dazu

Anmerkung:
Paprikapulver darf nicht rösten oder gar anbrennen, denn dann verliert es seine Bindungsfähigkeit und schmeckt bitter.

Schmorbraten mit Rotwein

100 g Backpflaumen	entsteinen
1/4 l Rotwein	über die Pflaumen gießen, ca. 6 Std. stehen lassen
800 g Rindfleisch Salz Pfeffer	würzen
100 g Speck □	auslassen, Rindfleisch von allen Seiten kräftig anbraten
2-3 Zwiebeln □ 2 Möhren □ 1 Stg. Porree ⊖ 100 g Sellerie □ 4 Pfefferkörner 6 Wacholderbeeren 1 Nelke 1/4 l Fleischbrühe 1/4 l Rotwein	alles zu dem Fleisch geben und 1 1/2 -2 Std. bei geringer Hitze schmoren lassen
	Braten herausnehmen und schneiden
	Soße durch ein Sieb gießen
etwas Apfelmus Salz, Pfeffer	Soße abschmecken
Instantmehl	Soße binden
Rotweinbackpflaumen 50 g ger. Haselnüsse	erhitzen und mit dem Fleisch anrichten

Rouladentopf

10 Pers.

3 kg	Rouladenfleisch, dünn geschnitten	in feine Streifen schneiden, in einen großen Schmortopf geben
2 1	Teel. Salz Teel. Pfeffer	würzen
3-4	mittelgr. Gläser Champignons ○	abgetropft auf dem Fleisch verteilen
¼ l 1 1 1 1	Wasser Tüte Zwiebelsuppe Tüte Pfeffer-rahmsoße Tüte Maggi Geschnetzeltes „Züricher Art" Doppelpackung Kräutersoße von Maggi	zusammen verrühren
4	Becher Sahne	dazu, über das Fleisch gießen
		zugedeckt im Backofen bei 180°C ca. 2½ Std. garen, gut verrühren, abschmecken, anrichten

Abwandlung:
Nach Wunsch mit etwas Rotwein abschmecken.
Statt Rouladenfleisch kann auch mageres Schweinefleisch, klein □ verwandt werden.

Beilagen: Salat, Spätzle

Rindfleischragout mit Senfsoße

25	g	Butterschmalz (Butaris)	erhitzen
500	g	Rindergulasch, klein □	dazu, anbraten
		Salz Pfeffer	würzen
			das Fleisch herausnehmen
2-4		Zwiebeln □	in das Bratenfett geben, glasig schmoren
400 150 2 125	ml g g	Rinderfond Crème fraîche Teel. Senf Senfgurken □ (ohne Flüssigkeit)	dazu, einmal aufkochen
			das Fleisch dazugeben und garen
		Salz Pfeffer Zucker	abschmecken
		Fix Soßenbinder, dunkel	binden
		Dill	vor dem Anrichten dazu

Beilage:
Salat, Salzkartoffeln

Schlemmerschnitzel

4	Kalbsschnitzel (à 150 g) Salz Pfeffer	die Schnitzel würzen
50 g	Butterschmalz	erhitzen, die Schnitzel auf jeder Seite 4 Min. braten
2	Tomaten ○	die Schnitzel damit belegen
2	Scheiben Schnittkäse □	
	Butter	Spiegeleier braten und auf die Schnitzel geben
4	Eier	
4	Essl. feingeschnittener Schnittlauch	die Schlemmerschnitzel anrichten und garnieren

Fleischtopf

8–10 Pers.

500 g	Schweinegulasch Rindergulasch Kassler Räucher-endchen	klein schneiden
500 g		
500 g		
500 g		
500 g	Mett	kleine Bällchen formen
500 g 500 g	Zwiebeln Tomaten	in Scheiben schneiden
		alles der Reihe nach in einen gefetteten Bräter schichten
1 250 g	Flasche Schaschlik-Soße Sahne	über die Masse gießen
		zugedeckt im Backofen bei 200°C (Umluft 180°C) ca. 2 ½ Std. garen
		vor dem Anrichten alles einmal vorsichtig vermischen, abschmecken

Anmerkung:
Dazu schmeckt Stangenbrot.

Filettopf

8 Pers.

4	Schweinefilets (je 400 g)	jedes Filet in 6 Scheiben schneiden
2 1/2	Essl. mittelscharfer Senf	die Medaillons bestreichen
24	Scheiben geräucherter Schinkenspeck	die Fleischstücke umwickeln und nicht zu dicht in zwei vorbereitete Auflaufformen legen
3	kleine Gläser Champignons O (je 170 g Abtropfgewicht)	gut abtropfen lassen, die Zwischenräume der Medaillons mit den Pilzen ausfüllen
	etwas Salz Pfeffer	Fleisch und Pilze würzen
1	Teel. Majoran	
1	Teel. Dillspitzen	
5	Becher Sahne (1250 g)	alles gut verrühren, abschmecken, auf den Auflauf gießen
2	Essl. Mehl	
1	Teel. Salz	
2	gestr. Essl. Paprikapulver, scharf	
2	gestr. Essl. Paprikapulver, edelsüß	
3-4	gestr. Teel. Currypulver	
		den Filettopf zugedeckt im vorgeheizten Backofen bei 180° C ca. 70 Min. garen

Feuertopf

1 kg Schweinefilet □ 4 Zwiebeln □ 3 Paprika □ (rot, gelb, grün) 1 Flasche Chilisauce, 250 ml 1 Flasche Schaschliksauce, 250 ml	alles in eine Jenaer Glasschüssel geben, zugedeckt im Backofen bei 180° C ca. 1½ Std. garen, nach 1 Std. einmal umrühren
200 g Sahne	vor dem Anrichten unterrühren
Salz Cayenne-Pfeffer	abschmecken

Gulaschtopf

1 kg Gulasch Salz Pfeffer	das Fleisch würzen und in eine Auflaufform füllen
5-6 Zwiebeln ○ 1 Dose Pilze	dazu geben
1 Flasche Chilisauce, 250 ml 1 Flasche Zigeunersauce, 250 ml 250 g Sahne	verrühren, über das Fleisch gießen
	zugedeckt im Backofen bei 190° C ca. 2 Std. garen

Schnitzeltopf

8-10 Pers.

60 g Butterschmalz	erhitzen
2 kg Schnitzelfleisch □	dazu, anbraten
Salz Pfeffer	würzen, das Fleisch in einen großen Brattopf geben
3 gr. Zwiebeln □ 1 Dose Champignons ○	in dem Bratfett kurz anschmoren, auf das Fleisch geben
500 g Sahne 300 g Kräuter Crème fraîche 400 g Le Tartare	verrühren
Salz Pfeffer Fondor	die Sahnecreme würzen und über den Schnitzeltopf gießen
	den „Schnitzeltopf" über Nacht zugedeckt kalt stellen, damit er gut durchziehen kann, zugedeckt im Backofen bei 200 °C ca. 2-2½ Std. garen
Fisc - Soßen - binder, dunkel	binden
	abschmecken

Feuriger Nackenbraten

1200 g	Schweinenacken ohne Knochen	in eine gefettete Auflaufform legen
1	Teel. Butter	auslassen
50 g	Speck ◻	dazu, glasig braten
2 -3	Zwiebeln	dazu, kurz anschmoren
1 200 g	Flasche (500 ml) Texicana Salsa von Maggi, Tomaten-Chili-Sauce Schmand	dazu, unter Rühren kurz erwärmen
	Salz Pfeffer	nach Wunsch würzen
		die Soße über den Schweinenacken gießen, abgedeckt im Backofen bei 175 °C ca. 2 Std. garen lassen

Beilage:
Salat, Salzkartoffeln

Käsefleisch

6 Pers.

40 g Butterschmalz	erhitzen
1 1/2 kg Schweinebraten Salz, Pfeffer, Senf	gut gewürzt dazu, anbraten
1/4 l Wasser	dazu, gar schmoren
Käsesoße: 250 g Sahne 1/8 l Milch	in einen Topf geben
4 Ecken Milkana (Gold-Käse) 1 Camembert, ohne Rinde	dazu, unter Rühren erhitzen, bis der Käse aufgelöst ist
1 mittelgr. Dose Champignons	mit der Flüssigkeit dazu
	die Bratflüssigkeit dazu
Fix-Soßenbinder, dunkel	die Käsesoße etwas binden
Salz, Pfeffer	pikant abschmecken
	das Fleisch in Scheiben schneiden, mit der Käsesoße in eine Auflaufform schichten, 24 Std. kalt stellen, vor dem Verzehr im Backofen bei 190° C ca. 40 - 50 Min. zugedeckt erhitzen

Beilagen:
Nudeln (Spätzle) und Salat oder nur Baguette

Kassler-Lummerbraten in Senf-Sahnesoße

1 kg Kassler-Lummerbraten, ohne Knochen	in einen Brat-Beutel geben, nach Anweisung schließen, im Backofen bei 180°C 70 Min. garen
	den kalten Braten in Scheiben schneiden, in eine Auflaufform legen
Senf-Sahnesoße: 500 g Sahne 1 Glas Dijon-Senf mit Honig (200 ml) 2 Teel. Bratensaft	verrühren, die Soße über das Fleisch gießen, abgedeckt über Nacht kalt stellen
	am nächsten Tag zugedeckt im Backofen bei 100°C ca. 45 Min. erhitzen

Beilage:
Salat, Salzkartoffeln mit gehackter Petersilie

Anmerkung:
Der restliche Bratensaft eignet sich besonders gut als Geschmacksgrundlage zu einer Gemüsesuppe.

Steaks mit Cornflakes

6–8 Pers.

6 1 1–2	Essl. Olivenöl Teel. Thymian Salz Pfeffer Knoblauchzehen, gepresst	vermischen
12	Nackensteaks	mit dem gewürzten Öl von beiden Seiten bestreichen, die Steaks auf ein mit Back-Alufolie (matte Seite nach oben) ausgelegtes Backblech legen
6	Scheiben Ananas	auf jedes Steak eine halbe Scheibe Ananas legen
12	Scheiben Käse	jedes Steak mit einer Scheibe abdecken
$\frac{1}{4}$	Packung Cornflakes	die Steaks gut bestreuen
		im vorgeheizten Backofen bei 200°C abgedeckt ca. 60–65 Min. überbacken, ohne Abdeckung ca. 5–10 Min. goldbraun überbacken

Anmerkung:
Nach Wunsch können 12 Scheiben Ananas verwandt werden.

Überraschungsmedaillons

40 g	Butterschmalz	erhitzen
8	Schweine-medaillons Salz Pfeffer	würzen, anbraten
8	Stück Alufolie, extra stark (30 X 30 cm)	auf jedes Stück Alufolie ein Medaillon legen
2 2-3 1 1	Zwiebeln □ Knoblauchzehen □ rote Paprika □ grüne Paprika □	im Bratfett kurz anschmoren
1	kl. Dose Mais	ohne Flüssigkeit dazu
	Salz Cayennepfeffer Basilikum	das Gemüse abschmecken und über die Medaillons geben
150 g	Mozzarella □	auf die Medaillons verteilen
		die Alufolie schließen, die Überraschungsmedaillons kalt stellen, ca. 40-50 Min. vor dem Verzehr im vorgeheizten Backofen bei 220° C garen

Wichtig: Heiß servieren!

Beilage: Stangenbrot

Ofenfleisch

1 kg Schweinefleisch, klein □ Salz Pfeffer	würzen, in einen großen backofengeeigneten Topf geben
500 g Zwiebeln □	dazu
1 kl. Glas Pilze ○ 1 kl. Dose Erbsen	ohne Flüssigkeit dazu
1 Glas Tomatenpaprika	mit der Flüssigkeit dazu
1 kl. Dose Ananas □	mit wenig Flüssigkeit dazu
250 g Curryketschup 250 g Chilisoße	dazu
	das Fleisch nicht umrühren, den Topf mit einem Deckel schließen, im vorgeheizten Backofen bei 200°C ca. 2 Std. garen
½ l Sahne	dazu, umrühren, abschmecken

Anmerkung:
Besonders gut schmeckt das Fleisch, wenn es über Nacht durchzieht.

Pfefferschnitzel

4–6 Pers.

8 Schnitzel Salz, Pfeffer	würzen
50 g Butterschmalz (Butaris)	erhitzen, Schnitzel von beiden Seiten anbraten, in eine große Auflaufform legen
4–5 Zwiebeln	in dem Bratenfett andünsten
1 große Dose Champignons O	ohne Flüssigkeit dazu, mit den Zwiebeln kurz schmoren lassen, auf die Schnitzel geben
Pfeffersoße: 2 Beutel Knorr Pfeffersoße ½ l Wasser	unter Rühren einmal aufkochen
250 g Sahne ¼ l Weißwein, halbtrocken	unter die Pfeffersoße rühren, die Soße über die Schnitzel gießen
	im vorgeheizten Backofen bei 200°C zugedeckt 60 Min. garen, unabgedeckt weitere 10–15 Min. goldbraun überbacken

Pfefferrippe

1 Tasse Weißwein (nicht zu süß) 4 Essl. Ketschup 2 Zwiebeln □ 1 zerdrückte Knoblauchzehe 2 Essl. grüner Pfeffer 1 Teel. Salz 2 Teel. Zucker	eine Marinade zubereiten
1 kg dicke Schweine-rippe, nicht geräuchert	in Portionen geteilt in die Marinade legen, kalt stellen, 24 Std. ziehen lassen
	das Fleisch in einen großen Brattopf legen
1 kg Kartoffeln □ 500 g Zwiebeln ○	vermischen, um das Fleisch legen
1 Teel. Salz etwas Pfeffer 1 Tasse Weißwein	über die Kartoffeln und Zwiebeln geben
4-6 Essl. Marinade	über das Fleisch gießen
	im vorgeheizten Back-ofen bei 200°C ca. 2-2½ Std. zugedeckt garen

Beilage: Salat

Honigrippchen auf Wirsing

1 kg	Schweinerippchen Salz Cayennepfeffer	Rippchen gut würzen
30 g	Butterschmalz	erhitzen, Rippchen anbraten
2–4	Essl. Wasser	dazu, zugedeckt das Fleisch 20 Min. schmoren lassen
800 g	Wirsingkohl	halbieren, waschen, in feine Streifen schneiden
30 g	Butter	in einem Bräter zerlassen
3	Zwiebeln □	dazu, glasig dünsten
100 g	gekochter Schinken □	dazu
		den vorbereiteten Wirsing auf den Schinken geben, die angebratenen Rippchen darauf legen, zugedeckt bei 180°C ca. 50 Min. im Backofen garen
50 g 2	Honig Essl. Senf	zusammen erhitzen, die Rippchen nach der Hälfte der Garzeit damit bestreichen
		Rippchen und Wirsing anrichten
⅛ l ⅛ l	Brühe Bier	Bratenfond ablöschen, etwas Gemüse dazu
	Salz, Pfeffer	Soße abschmecken
	Fix-Soßenbinder, dunkel	Soße binden, anrichten

Geschnetzeltes

700 g	Schweinefleisch	in Streifen schneiden
60 g	Butterschmalz	erhitzen, das Fleisch dazu, anbraten
4–5	Zwiebeln □	dazu und anschmoren
	Salz Pfeffer Knoblauch-pulver	das Geschnetzelte gut würzen
300 g 1 125 g	Champignons O oder mittelgroße Dose Champignons Crème Double	dazu, zugedeckt 5 Min. schmoren lassen
$\frac{1}{4}$–$\frac{1}{2}$ l	Wasser oder mehr	dazu, 15–20 Min. weiter köcheln lassen, bis das Fleisch gar ist
	Fix-Soßenbinder, dunkel oder Instantmehl	das Geschnetzelte binden
		nochmals abschmecken

Geschnetzeltes mit Porree und Äpfeln

600 g	Schweinefleisch	in Streifen schneiden
4	Essl. Öl	erhitzen, das Fleisch dazu und anbraten
$\frac{1}{4}$ l	Fleischbrühe	
1	Stg. Porree ⊖	
1-2	Äpfel □	zufügen,
$\frac{1}{2}$	Essl. Majoran	10 Min. köcheln lassen
150 g	Kräuterfrischkäse	
1	Teel. mittelscharfer Senf	
	Salz	abschmecken
	Pfeffer	

Putengeschnetzeltes

5		Putenschnitzel	in Streifen schneiden
30	g	Butterschmalz	erhitzen, das Fleisch dazu, anbraten
1-2		Zwiebeln □	dazu, ausschmoren
		Salz Pfeffer Paprikapulver	das Geschnetzelte würzen
1/4	l	Fleischbrühe	dazu, 10 Min. köcheln lassen
1 1 1 100	 g	kleine Dose Champignons ○ ohne Flüssigkeit rote Paprika □ grüne Paprika □ Kochschinken □	dazu, 6-8 Min. köcheln lassen
200 1 1/8	g l	Sahne Teel. Tomatenmark Weißwein nach Wunsch	dazu, einmal aufkochen, abschmecken
		Fix-Soßen-binder, dunkel	binden, anrichten

Beilage:
Salat und Reis

Putenragout "Gärtnerin"

20 g Butterschmalz (Butaris) 1 Essl. Olivenöl 10 g Butter	erhitzen
500 g Putenbrust □	dazu, anbraten
Salz Pfeffer	würzen, das Fleisch aus der Pfanne nehmen
250 g frische Champignons ○ 1 Zwiebel □	in dem Bratenfett kurz anschmoren
100-150 g Weißwein 250 ml Béchamel-Sauce 200 g Sahneschmelzkäse	zu den Pilzen geben, einmal kurz aufkochen
	das Fleisch in die Soße geben und garen
300 g TK Erbsen und Möhren oder Kaisergemüse	separat garen
	das Gemüse kurz vor dem Servieren ohne Flüssigkeit in das Putenragout geben oder abgeschmeckt getrennt servieren
Salz, Pfeffer	abschmecken

Beilage: Nudeln

Putenrouladen

4-6 Pers.

6	gr. Putenschnitzel	kalt abspülen, trockentupfen
2	Essl. Öl	
1	Essl. Honig	eine Marinade herstellen,
1	Schuss Worchestersoße	die Schnitzel damit
	Salz, Pfeffer	einreiben
	Currypulver	
200	g Frischkäse	verrühren,
2	Essl. Milch	die Schnitzel bestreichen
	etwas Basilikum	die Schnitzel bestreuen
6	Scheiben mageren Kochschinken	je eine Scheibe auf die Putenschnitzel legen, zu Rouladen aufrollen und mit Rouladennadeln zusammenhalten
40	g Butterschmalz	erhitzen, die Rouladen anbraten
3-6	Essl. Wasser	dazu, 1 Std. zugedeckt schmoren lassen
		die Putenrouladen aus der Soße nehmen und warm stellen
Soße:	Weißwein (wenig) restliche Marinade Kräuter nach Wunsch Crème fraîche	würzen, einmal aufkochen, abschmecken, die Soße mit den Putenrouladen anrichten

Putenfleischröllchen

10 g Butterschmalz	auslassen
2 Zwiebeln □	dazu, glasig dünsten
1 Glas Champignons ○	ohne Flüssigkeit dazu, kurz mitschmoren lassen
2 Essl. frische Petersilie, gehackt	dazu
Salz Pfeffer	die Pilzfüllung herzhaft abschmecken
4-8 Putenschnitzel	etwas klopfen, würzen, mit der Füllung bestreichen und zusammenrollen
4-8 Scheiben durchwachsener Speck	jede Rolle mit einer Scheibe umwickeln und mit Holzspießen zusammenstecken
30 g Butterschmalz	erhitzen, die Putenrollen dazu, braun braten
1/8 l Weißwein 8 Essl. Wasser	dazu gießen, 15-20 Min. zugedeckt leicht schmoren lassen
4-6 Essl. Sahne Salz Pfeffer	die Soße abschmecken
Fix-Soßenbinder, dunkel	die Soße binden

Gänsekeulen auf Rotkohl

1	kl. Kopf Rotkohl (geschnitten gut 1 kg)	putzen, waschen, fein schneiden, in einen gr. Schmortopf geben
3 6 1 2 3	Äpfel (Boskop) □ Essl. Weinessig Essl. Salz Essl. Zucker Lorbeerblätter	dazu, mit dem Rotkohl vermischen
4	Gänsekeulen	waschen, trockentupfen
2-3	Essl. Soja-Sauce Salz Pfeffer	die Gänsekeulen würzen und auf den geschnittenen Rotkohl legen
		den Schmortopf verschließen, bei 175 °C im Backofen 3 Std. backen, den Topf öffnen und ca. 15-20 Min. bräunen lassen

Anmerkung:
Gänsekeulen auf Rotkohl können bis auf das Bräunen am Tag vorher gegart werden. Am nächsten Tag dann vor der Mahlzeit 30 Min. geschlossen im Backofen weiter garen und ohne Deckel 15-20 Min. bräunen lassen.
Beilage: Kartoffelklöße

Entengeschnetzeltes

6	Entenbrüstchen	waschen, trockentupfen, in Streifen schneiden
40 g	Butterschmalz	erhitzen, Entengeschnetzeltes scharf anbraten
	Salz Pfeffer	würzen
2	Zwiebeln □	dazu, kurz anbraten
½ l 1 1 6	Wasser Teel. Klare Hühner-Bouillon v. Maggi Orange, ausgepresst Essl. Sahne etwas Indien-Gewürzmischung	dazu, 15 Min. leicht köcheln lassen
2 - 3	Essl. Sherry	dazu
	Fix-Soßenbinder, dunkel	binden
		abschmecken, anrichten

Hähnchenbrustfilet in pikanter Soße

2 Hähnchenbrustfilets (ca. 800 g)	in vier Portionen schneiden
½ l Wasser, 1 Teel. Salz etwas Pfeffer	kochen
	das Hähnchenfleisch dazu, 20-25 Min. köcheln lassen, abgekühlt waagerecht durchschneiden
Soße: 250 ml Salatmajonäse 300 ml Curryketschup 2-4 Essl. Weinbrand	verrühren
6-8 Scheiben Ananas □	dazu
	die Soße mit den Hähnchenbrustfilets anrichten
300 g blaue Weintrauben, kernlos	als Garnierung

Beilage: Baguette oder Reis

Anmerkung: Hähnchenbrustfilet in pikanter Soße kann kalt oder warm serviert werden.

Abwandlung:

Hähnchenbrustfiletsalat, pikant

Die abgekühlten Hähnchenbrustfilets in Streifen schneiden und unter die Soße heben. Garnieren! Kalt servieren!

Hähnchenkeulen in Sherrysoße

4	Hähnchenkeulen	waschen, abtrocknen
	Salz Pfeffer	würzen
2	Essl. Butter- schmalz	erhitzen, die Keulen anbraten
1–2	Zwiebeln □	dazu, kurz anschmoren lassen
$\frac{1}{4}$ l	Hühnerbrühe (Instant)	dazu, zugedeckt ca. 20 Min. köcheln lassen, bis die Hähnchenkeulen gar sind
100–125 ml	Sherry, medium	
$\frac{1}{8}$ l	Sahne	
	Salz Pfeffer Currypulver	die Soße abschmecken
	Fix-Soßenbinder, dunkel	die Soße binden
		beim Anrichten einen Teil der Soße über die Hähnchenkeulen geben, die übrige Soße dazu reichen

Griechisches Knoblauchhuhn

1	Poularde ca. 1500 g oder Hühnerschenkel	in Portionsstücke schneiden
	Salz Pfeffer wenig Salbei	würzen, mit der Haut nach oben in eine Fettpfanne legen
1/8 l 1/8 l 2 1	Zitronensaft Olivenöl Teel. Salz Teel. Pfeffer	im Schüttelbecher eine Marinade herstellen, mit der Hälfte das Fleisch übergießen
1250 g	kl. Kartoffeln	unter fließendem Wasser sauber bürsten, auf dem Blech verteilen
5–6	Knoblauch-knollen	in Knoblauchzehen zerlegen, ungeschält quer halbieren, mit der Schnittfläche nach unten um das Fleisch legen
		die restliche Marinade über die Kartoffeln und Knoblauchzehen träufeln
		im Backofen bei 200°C ca. 70–80 Min. braten, evtl. kurz abdecken
	Basilikum, geschnitten	vor dem Servieren darüber streuen

Lammkeule mit Rotwein

1	Lammkeule	waschen, trockentupfen
10–15	Knoblauchzehen	schälen, die Lammkeule spicken
	Olivenöl	beträufeln
	Salz schwarzer Pfeffer	kräftig würzen
		die Lammkeule gut zugedeckt 24 Std. kalt stellen
6	Essl. Olivenöl	in einen Bräter geben, die Lammkeule dazu, im vorgeheizten Backofen bei 220°C anbraten
2–3 2 1/4 3 1/2	Möhren □ Zwiebeln □ Sellerieknolle □ Rosmarinzweige wenig Thymian Flasche Rotwein	dazu, bei 100°C im Backofen 3–4 Std. schmoren lassen
		die Lammkeule herausnehmen, in Portionen schneiden, warm stellen
		die Soße durchsieben
	Fix Soßenbinder, dunkel	die Soße binden, abschmecken
		den Lammbraten mit der Soße anrichten

Ganz wichtig: Der restliche Rotwein muss während der Zubereitung „vernichtet" werden!

Lammschmortopf mit Pflaumen

1 kg Lammkeule (entbeint)	in 5 cm große Stücke schneiden
1 Teel. gem. Kurkuma 1 Teel. ger. Ingwer Salz schwarzer Pfeffer	das Lammfleisch würzen
3 Essl. Olivenöl	erhitzen, das Fleisch dazu, kurz anbraten
1/4 l Hühnerbrühe (Instant) 2-3 Zwiebeln □ 4-6 Safranfäden etwas Koriandergrün, zus. gebunden	dazu, bei kleiner Hitze ca. 2 Std. schmoren lassen, Koriander heraus nehmen
	das Fleisch in eine feuerfeste Schüssel geben, im vorgeheizten Backofen zugedeckt warm stellen
200 g Trockenpflaumen 2 Essl. Honig 1 gestr. Teel. Zimt etwas schwarzer Pfeffer	zur Soße geben, weitere 15 Min. köcheln lassen, abschmecken, Soße über das Fleisch geben
1-2 Essl. Sesam, geröstet	vor dem Servieren bestreuen

Beilage:
Salat, Reis oder knuspriges Brot

Marinierte Lammkoteletts

8	Lammkoteletts	waschen, trockentupfen
2 3-4 1 1	Essl. Olivenöl Essl. Zitronensaft Knoblauchzehe, gepresst Teel. getrocknete Kräuter der Provence Salz, Pfeffer	verrühren, die Koteletts marinieren, 6-8 Std. zugedeckt kalt stellen
Avocado-Beilage:		
2	Avocados	halbieren, Kern herauslösen, schälen
1 1 3-4	Knoblauchzehe Zwiebel Essl. Zitronensaft	dazu, alles mit dem Mixer pürieren
	Salz, Pfeffer	abschmecken
Tomaten-Beilage:		
1	Essl. Butter	erhitzen
3	Zwiebeln □	dazu, kurz dünsten, nicht bräunen
6	Tomaten	kreuzweise einritzen, überbrühen, häuten, würfeln, mit den Zwiebeln kurz dünsten, warm stellen
	Olivenöl	in einer Pfanne erhitzen, Lammkoteletts von beiden Seiten braun braten, mit den Beilagen servieren

Hackfleischklößchen mit Zigeunersoße

30 g	Margarine	auslassen
3–4	Bratwürstchen	von der Haut befreien, in Klößchen zerteilen, anbraten
		etwas Bratfett abnehmen
3–4 2 3 $\frac{1}{4}$ l $\frac{1}{2}$ 150 g	Zwiebeln ⊖ Stangen Porree ⊖ Möhren □ Wasser Brühwürfel (Fette Brühe v. Maggi) Tomatenketschup	dazu, 15 Minuten dünsten
	Salz Pfeffer Paprikapulver	abschmecken
	Fix Soßenbinder, dunkel	unter Rühren direkt in die kochende Soße einstreuen
Abwandlung: Jägersoße 1	 Dose Pilze	 dazugeben
		nochmals abschmecken

Gefüllte Wirsingrollen

1 Kopf Wirsing	Blätter lösen, die dicken Rippen aus- oder flachschneiden, waschen
1½-2 l Wasser Salz	kochen, die Wirsingblätter dazu, halb garen, im Durchschlag abtropfen lassen, portionsweise zurechtlegen
500 g Mett	vier Rollen formen und auf die vorbereiteten Blätter legen, die Blätter über das Mett schlagen, mit Hilfe eines Trockentuches jede Portion zu einer festen Rolle drücken (so entfällt der Faden)
etwas Mehl	die Wirsingrollen darin wenden
60 g Margarine	erhitzen, die Wirsingrollen anbraten, erst wenden, wenn eine braune Kruste entstanden ist
etwas Gemüsewasser	dazu, zugedeckt gar schmoren
Fix-Soßenbinder, dunkel	die Soße binden
Salz, Pfeffer	abschmecken, anrichten

Frikadellen

1-2	Brötchen	einweichen, fest ausdrücken
250 g 125 g 125 g 1 1-2 2	Rinderhackfleisch Tatar Schweinemett Ei Zwiebeln, fein □ Essl. geh. Petersilie Salz Pfeffer	alles mit den Brötchen vermengen, Hackfleisch abschmecken, 8-10 gleich große Bällchen formen
2	Essl. Butterschmalz	erhitzen
		die Frikadellen bei mittlerer Hitze langsam knusprig braten
2-3	Tomaten ○	kurz vor dem Servieren dazu, leicht andünsten, anrichten

Frikadellen (Buletten)

1 Brötchen	einweichen, fest ausdrücken
250 g Rinderhackfleisch 250 g Schweinehackfleisch 1 Ei 1-2 Zwiebeln □ 1 1/4 Teel. Salz 1/2 Teel. Pfeffer	alles mit dem Brötchen vermengen, Hackfleisch kräftig abschmecken, Bällchen formen
1-2 Essl. Paniermehl	die Bällchen kurz darin wenden
50 g Fett	erhitzen
	die Frikadellen 5-8 Min. unter häufigem Begießen von beiden Seiten braun braten

Anmerkung:
Hackfleisch verdirbt schnell und muss am selben Tag, an dem es zerkleinert wurde, verarbeitet werden.

Die Einfriertemperatur von Hackfleisch beträgt minus 40 Grad.

Fertige Hackfleischgerichte können unbesorgt in den Haushaltsgefriergeräten eingefroren werden.

Frikadellen auf dem Blech

250 g Mett 250 g Rindsgehacktes 250 g Quark 2 Eier 1 P. Zwiebelcreme-Suppe	alle Zutaten vermischen, Frikadellen formen (ohne Paniermehl), auf eine mit Back-Alu-folie ausgelegte Fett-pfanne legen
	im vorgeheizten Back-ofen bei 200 °C ca. 40 Min. braun backen
Abwandlung: 250 g Mozzarella □	statt 250 g Quark

Nach Anweisung eine Pfeffersoße herstellen. Die Frikadellen kurz in der Soße ziehen lassen.

Schinkengulasch

30 g Butterschmalz	erhitzen
$1\frac{1}{2}$ kg Schinkenbraten, nicht zu groß □	dazu, kurz anbraten
1 Flasche Schaschliksoße	dazu, 2 Std. köcheln lassen
250 g Sahne	vor dem Anrichten unterrühren

Pikanter Partykuchen

1 kg gemischtes Hackfleisch 2 Brötchen 2 Eier 2 Zwiebeln Salz Pfeffer Cayennepfeffer	einen pikanten Fleischteig herstellen
	den Fleischteig mit nassen Händen auf eine mit Backpapier ausgelegte Fettpfanne drücken
Belag: 1 kg Zwiebeln O	in kochendem Wasser blanchieren, gut abgetropft auf dem Fleischteig verteilen
1 gr. Dose Champignons O	abgetropft auf die Zwiebeln geben
2 Flaschen Zigeunersoße (a 300 ml)	darüber gießen, gleichmäßig ver-streichen
	im vorgeheizten Backofen bei 200° C ca. 50–60 Min. backen

Hackbraten vom Blech

500 g Schweinemett 1500 g gemischtes Hackfleisch 3 Bund frisches Basilikum, gehackt oder 3 Essl. getrocknetes Basilikum 2 Bund Petersilie, gehackt 500 g Zwiebeln □ 5–6 Eier 4 eingeweichte, fest ausgedrückte Brötchen 3 Knoblauchzehen, gepresst Salz, Pfeffer ger. Muskatnuss	einen pikanten Fleischteig herstellen, auf ein mit Backpapier ausgelegtes Backblech streichen
	im vorgeheizten Backofen bei 200 °C abgedeckt 30 Min. backen, ohne Abdeckung ca. 15 Min. weiter backen bis die Oberfläche schön braun ist

Den abgekühlten Hackbraten in kleine Quadrate schneiden und mit Folie abdecken, kalt stellen.

Gurkenstreifen	die Hackbratenquadrate garnieren
Senf, Pasten	dazu servieren

Gehacktes mit Gemüse auf dem Blech

1 kg Gehacktes vom Rind ½ kg Mett 2 Brötchen 2 Eier 2 Teel. Salz Pfeffer 1 gr. Gemüsezwiebel □ 1-2 Knoblauchzehen, zerdrückt	einen pikanten Fleischteig herstellen
3 bunte Paprika 3 gr. Fleischtomaten 300 g frische Champignons 500 g Zucchini	das geputzte Gemüse würfeln, unter den Fleischteig geben
	alles auf zwei mit Backpapier ausgelegte Backbleche streichen
Soße: 1 Tasse Ketschup 300 g Schmand 300 g Zigeunersoße 3 Essl. Ajvar	verrühren, die Soße auf den Fleischteig gießen (Ajvar = Paprikapaste, scharf)
	bei 200 °C (Umluft 180 °C) ca. 60 Min. backen
Belag: 250 g Käse, gerieben oder □	auf den Fleischteig streuen, 10 Min. weiter backen

Mit Baguette servieren!

Mettpizza

2 kg Mett 3 Eier 3 Brötchen Salz Pfeffer 1 Msp. Sambal Oelek nach Wunsch	einen pikanten Fleischteig herstellen, auf zwei gefettete Backbleche streichen
	im vorgeheizten Backofen bei 200°C (Umluft) 15 Min. backen
Belag: 3-4 Paprika (rot, grün, gelb) 2 Salatgurken 5 Tomaten 3 mittelgr. Gläser Pilze 3-4 Gemüsezwiebeln	das Gemüse putzen und würfeln, Pilze in Scheiben schneiden
	den Belag auf die zwei kurz vorgebackenen Mettpizzas streuen, ca. 55 Min. weiter backen
4 gr. Bund Petersilie	waschen, gut abtropfen lassen, ohne Stiele (nicht zu klein) schneiden, auf die Pizzas streuen und nur noch 1-2 Min. mitbacken lassen
	schneiden und heiß servieren

Fleischauflauf mit Kräuter-Bresso

1 kg Schweinefilet oder Putenbrust	in Scheiben schneiden
Senf, mittelscharf	die Fleischscheiben bestreichen und schichtförmig in eine gefettete Auflaufform legen, zugedeckt über Nacht kalt stellen
200 g durchwachsener, geräucherter Bauchspeck □	kurz anbraten
4-5 Zwiebeln □	dazu, anschmoren
500 g frische Champignons ○	dazu, kurz schmoren, über den Auflauf geben
	den Auflauf zugedeckt im vorgeheizten Backofen bei 200 °C 60 Min. garen
Soße: 200 g Kräuter-Bresso 2 Becher Schmand 250 g Sahne 1 P. TK Iglo 8 Kräuter	verrühren
Salz Pfeffer	abschmecken
	die Soße über den Auflauf gießen, unabgedeckt ca. 25 Min. goldbraun überbacken

Filet-Champignon-Auflauf

40 g Butterschmalz	erhitzen
1 Schweinefilet	in Scheiben schneiden, dazu, kurz anbraten
Salz Pfeffer	würzen, in eine gefettete Auflaufform legen
500 g Champignons	putzen, in Scheiben schneiden, auf das Fleisch geben
1 P. Maggi Zwiebelsuppe 250 g Sahne	verrühren, darüber gießen
	zugedeckt im Backofen bei 200 °C 30 Min. garen
250 g mittelalter Goudakäse, gerieben	den Auflauf bestreuen
	ohne Abdeckung 15-20 Min. goldgelb überbacken
gehackte Petersilie	vor dem Anrichten damit bestreuen

Filet - Medaillons auf Sahnegemüse — 2 Pers.

6	Schweinemedaillons (St. ca. 50 g)	
6	dünne Scheiben Bauchspeck, ger.	das Fleisch mit je 1 Scheibe Bauchspeck umwickeln, leicht salzen
10 g	Butterschmalz	erhitzen
30 g	Bauchspeck, ger. □	dazu, kurz anschmoren Medaillons dazu, rundherum anbraten
2	Essl. Wein, trocken	dazu (ablöschen), von der Kochstelle nehmen
400 g	Spargel, geschält	4 cm lange St. schneiden
20 g	Butter	auslassen, Spargel dazu, 2 Min. dünsten lassen
150 g	Zucchini	längs halbieren, in Dreiecke schneiden, zum Spargel geben
½	Salz, Pfeffer Teel. Zucker	würzen, 1 Min. weiter dünsten lassen
125 ml 2	Sahne Essl. Soßenbinder, hell	verrühren, zum Gemüse gießen, unter Rühren einmal aufkochen, abschmecken
		das Gemüse in eine vorbereitete Auflaufform geben, die Medaillons darauf setzen
50 g	Goudakäse, ger.	darüber streuen
		im vorgeheizten Backofen zugedeckt bei 200° C ca. 30 Min. überbacken

Beilage:
Kartoffeln oder Baguette

Schweinefilet mit Zucchini und Schafskäse

3 Zucchini O	kurz in kochendem Salzwasser blanchieren, gut abgetropft in eine ausgefettete Auflaufform geben
Pfeffer	die Zucchinischeiben würzen
1 kg Schweinefilet	in Medaillons schneiden
Salz Pfeffer	das Fleisch würzen
40 g Butterschmalz	erhitzen, die Medaillons anbraten und auf die Zucchini legen, etwas Fett abgießen
1/8 l Wasser	dazu und den Bratensatz lösen
300 g Crème fraîche 1-2 Knoblauchzehen □	dazu, einmal aufkochen
Salz Pfeffer Basilikum, wenig	abschmecken, über das Fleisch gießen
200 g Feta-Schafskäse (korsischer) □	auf den Auflauf streuen
	zugedeckt 40 Min. bei 200 °C überbacken, dann die Auflaufform öffnen und weitere 5-10 Min. überbacken
frische Basilikumblätter	vor dem Anrichten bestreuen

Schweinefilet, überbacken

5-6 Pers.

40 g Butterschmalz 1 kg Schweinefilet	anbraten
Salz Pfeffer	würzen
½ Tasse Wasser	dazu, kurz schmoren und braten
	das Filet herausnehmen, in Scheiben schneiden und in eine Auflauf-form legen
500 g Champignons ○	in dem Bratfett 5 Min. schmoren
1½ Essl. Mehl	die Champignons bestäuben
300 g Crème fraîche 70 g Schimmelkäse	unter die Pilze rühren
¼ l Weißwein 2 Teel. Senf	dazu, unter Rühren 3 Min. köcheln lassen
Worcestersauce Salz Pfeffer	abschmecken
	die Weinsoße über die Filetscheiben gießen
50 g Goudakäse □	auf den Auflauf geben
	zugedeckt den Auflauf im Backofen bei 190° C ca. 30-40 Min. überbacken

Überbackenes Schweinefilet

800 g Schweinefilet	in Scheiben schneiden
Salz Pfeffer	würzen
40 g Butterschmalz	die Filetscheiben anbraten, in eine gefettete Auflaufform legen
375 g Mett	klein zerpflücken, in die Pfanne geben und anschmoren
125 g Sahne 150 g Kräuterfrischkäse	zu dem Mett geben
Salz Pfeffer Paprikapulver Fondor Knoblauch nach Wunsch	würzen, einmal aufkochen, abschmecken
	die Mischung auf den Filetscheiben verteilen
150 g Goudakäse □	auf den Auflauf streuen
	im vorgeheizten Backofen bei 200 °C ca. 30–40 Min. überbacken

Schweinefilet im Schinkenhemd

6 Pers.

1 kg Schweinefilet	in so große Stücke schneiden, dass sie mit dem Schinken umwickelt werden können
25-30 Scheiben Schwarzwälder Schinken 1 Glas Senf	die Schinkenscheiben mit Senf bestreichen und um die Filets wickeln, in eine gefettete Auflaufform geben
	zugedeckt im Backofen bei 200°C ca. 50-60 Min. garen, danach den Sud abschütten
250 g Sahne 150 g Bresso-Käse den abgeschütteten Sud	zusammen verrühren, über das Fleisch gießen
	nochmals unabgedeckt in den Backofen stellen, bei 200°C ca. 15 Min. goldbraun überbacken

Schlemmertopf

4	Putenschnitzel Salz Pfeffer	würzen
	Butterschmalz	die Schnitzel anbraten, in eine Auflaufform legen
2	gr. Äpfel □	auf die Schnitzel geben
1 ½	Becher Sahne	in die Bratpfanne gießen, unter Rühren einmal aufkochen, damit sich der Bratensatz löst
4 2	Essl. Ketschup Teel. Currypulver Salz Pfeffer	abschmecken
	Fix-Soßenbinder, hell	die Sahnesoße binden, über die Putenschnitzel schütten
150	g ger. Goudakäse	darüber streuen
		im vorgeheizten Backofen bei 190 °C ca. 30-40 Min. überbacken

Schnitzel mit Röstikruste

2-3 Pers.

4-6	Schnitzel Salz Pfeffer	Schnitzel würzen, in eine gefettete Auflaufform legen
4-6	Teel. Sahne	die Schnitzel beträufeln
1	Packung Rösti von Pfanni (400g)	
1	Ei	
100 ml	Sahne	alles zusammen gut vermischen
100 g	Goudakäse, mittelalt, gerieben oder □	
2	Essl. Schnittlauchröllchen	
	Salz Pfeffer etwas Muskat	würzen, die Rösti-Masse auf die Schnitzel verteilen
		zugedeckt im vorgeheizten Backofen bei 190°C 45 Min. garen, ohne Abdeckung ca. 30-40 Min. goldbraun überbacken

Anmerkung:
Dazu einen gemischten Salat servieren.

Kassler-Rösti-Auflauf

8 Pers.

2 kg	Kassler	ausgelöst in dünne Scheiben schneiden, in zwei gefettete Auflaufformen geben
24	tiefgefrorene Rösti oder Gemüsetaler	dicht auf die Kasslerscheiben legen
2	Becher Schmand	zu einer Soße verrühren, über die Aufläufe gießen
3	Becher Sahne	
1	TK Packung 8 Kräuter	
400 g	mittelalten Goudakäse	reiben, darüber streuen
		zugedeckt im vorgeheizten Backofen bei 180 °C 70 Min. backen, ohne Abdeckung weitere 10 – 15 Min. überbacken

Beilage: Gurken- oder Tomatensalat

Kassler-Paprika-Auflauf

6 Pers.

1 kg	Kassler, ausgelöst	alles würfeln, in eine gefettete Auflaufform geben
3	Paprika (rot, gelb, grün)	
4-6	Zwiebeln	
2	mittelgroße Dosen Pilze ○	ohne Flüssigkeit dazu
300 ml	Ketschup	darüber gießen
½ l	Sahne	
		im vorgeheizten Backofen bei 190°C zugedeckt 2 Std. garen

Pikante Fleischsoße

1-2	Essl. Olivenöl	erhitzen
125 g	durchwachsener, geräucherter Bauchspeck □	dazu, kurz anschmoren
500 g	Mett	dazu, krümelig anbraten
5-6	Zwiebeln □	dazu, anschmoren
250 g	Crème fraîche	dazu, einmal aufkochen
2	Tassen Wasser	
	Tomatenketschup Curryketschup Chili-Sauce	pikant abschmecken
	Fix-Soßenbinder, dunkel	binden

Kassler, überbacken

8	Scheiben Kassler, ohne Knochen	in eine Auflaufform geben
250 g 250 g	Schmand Sahne	gut verrühren, über das Fleisch gießen
8-12	Scheiben Kartoffelrösti	das Fleisch gut belegen
200 g	Goudakäse, gerieben	darüber streuen
		den Auflauf im Backofen bei 180 °C ca. 60 Min. überbacken

Beilage:
Endiviensalat
Kartoffelrösti

Abwandlung:
Kassler-Rösti-Auflauf

Kassler mit Ananas

1 kg Kasslerbraten, ausgelöst 5 Essl. Wasser	in eine Auflaufform geben, zugedeckt im Backofen bei 200 °C 50 Min. garen
	Bratflüssigkeit zurückstellen, das kalte Fleisch in Würfel schneiden und in die Auflaufform geben
400 g Sahne 2 Ecken Sahneschmelzkäse 2 Ecken Kräuterschmelzkäse	unter Rühren einmal aufkochen
Bratflüssigkeit	etwas zur Käsesahne geben, abschmecken und über die Fleischwürfel gießen
1 große Dose Ananas □	gut abgetropft auf den Auflauf geben
	zugedeckt den Auflauf im Backofen bei 190 °C ca. 40 Min. überbacken, dann den Deckel abnehmen und 10 Min. weitergaren, damit eine hellbraune Kruste entsteht
frische Kräuter, gehackt	vor dem Anrichten bestreuen

Kasslergratin

5-6 Pers.

10 1	Scheiben Kassler Glas süßer Senf	die Kasslerscheiben bestreichen, dicht nebeneinander in eine große gefettete Auflaufform legen
750	g TK Rösti	etwas auftauen lassen, zerbröseln und über das Fleisch streuen
200 1	g Sahne P. Sauce Béarnaise (250 ml)	vermischen, auf die Röstimasse gießen
300	g Goudakäse, mittelalt	reiben, auf den Auflauf streuen
		im vorgeheizten Backofen bei 190°C (Umluft 170°C) ca. 60 Min. unabgedeckt überbacken

Beilage:
Salat und Stangenbrot

Kassler im Zwiebelbett 4-6 Pers.

1 kg Zwiebeln O	eine Auflaufform einfetten, mit den Zwiebeln auslegen
8-10 Scheiben Kassler	auf die Zwiebelscheiben legen
	abgedeckt im vorgeheizten Backofen bei 190°C ca. 60 Min. garen, danach $\frac{1}{4}$ l Flüssigkeit abnehmen
1 gr. Dose halbierte Pfirsiche	gut abgetropft auf die Kasslerscheiben geben
Käsesoße:	
40 g Butter	auslassen, nicht bräunen
60 g Mehl	dazu, gut verrühren
$\frac{1}{4}$ l Flüssigkeit von dem Auflauf 350 ml Milch	unter Rühren nach und nach dazu, einmal aufkochen lassen
150 g Gorgonzola-Käse □ 150 g geriebenen Käse	zur Soße geben, unter Rühren schmelzen lassen
Salz Pfeffer Fondor	die Käsesoße pikant abschmecken und über den Auflauf gießen
	den Auflauf ohne Abdeckung ca. 15 Min. hellbraun überbacken

Kassler mit Pfirsichen

2-3	Zwiebeln	eine gefettete Auflaufform gut damit auslegen
4-6 4-6	Kasslerscheiben halbe Pfirsiche	das Fleisch und die Pfirsiche getrennt auf die Zwiebeln legen
		die Auflaufform mit Alufolie abdecken, im vorgeheizten Backofen bei 180°C 60 Min. garen, 15 Min. vor Ende der Garzeit die Folie abnehmen

Chinapfanne

4-6	Schnitzel	in eine gefettete Auflaufform legen
200 g 250 g 1 P. 1 P.	Schmand Sahne Chinapfanne Zwiebelsuppe	verrühren, über die Schnitzel schütten
		abgedeckt im vorgeheizten Backofen 40 Min. überbacken, ca. 20 Min. ohne Abdeckung bräunen

Gulaschauflauf

20 g Butterschmalz	auslassen
250 g durchwachsener, geräucherter Bauchspeck □	dazu, kurz erhitzen
1 kg mageres Schweinefleisch klein □	dazu, anbraten
3 Zwiebeln □	dazu, mit dem Gulasch 10 Min. schmoren lassen
1 kleine Dose Pilze ○	ohne Flüssigkeit dazu, alles zusammen köcheln, bis das Fleisch fast gar ist
Salz Pfeffer	abschmecken, in eine Auflaufform geben
1 große Dose Bohnen	abgetropft auf dem Fleisch verteilen
2 Becher Sahne 200 g Sahneschmelzkäse	unter Rühren erhitzen, bis der Käse geschmolzen ist
Salz Pfeffer	abschmecken, über die Bohnen gießen
	24 Std. kalt stellen, vor dem Verzehr bei 180°C ca. 45–50 Min. überbacken

Beilage: Spätzle

Pikante Fleischröllchen, überbacken

12	dünne Lummerschnitzel	Schnitzel mit je einer sehr dünnen Scheibe Bauchspeck belegen und aufrollen, in eine gefettete Auflaufform legen
12	Scheiben durchwachsener, geräucherter Bauchspeck	
1½	Essl. Mehl	die Fleischröllchen bestreuen
Soße:		
200 g	Schmand	verrühren
250 g	Sahne	
150 g	Crème fraîche mit Kräutern	
1–2	Zwiebeln ◻	dazu
	Salz	pikant abschmecken, die Soße über die Fleischröllchen gießen
	Pfeffer	
	Currypulver	
	Curryketschup	
	Ketschup	
1	Messerspitze Sambal Oelek	
		den Auflauf zugedeckt im vorgeheizten Backofen bei 190°C 70 Min. garen, unabgedeckt ca. 15 Min. goldgelb überbacken
2–3	Essl. gehackte Petersilie	vor dem Servieren bestreuen

Schnitzelauflauf mit Obst

30 g	Butterschmalz	erhitzen
8	kleine Schweine- oder Putenschnitzel, unpaniert Salz, Pfeffer	würzen anbraten
		Schnitzel in eine gefettete Auflaufform legen
2	Äpfel ◻	auf das Fleisch
2	Bananen ◻	geben
Soße:		
250 g	Sahne	
150 g	Crème fraîche	verrühren,
	etwas Ketschup	abschmecken,
	Salz, Pfeffer	die Soße über das
1	Prise Zucker	Obst gießen
1	Teel. Currypulver	
		im vorgeheizten Backofen bei 200 °C zugedeckt ca. 25 Min. garen
70 g	Mandelblätter	über den Auflauf streuen
		weitere 15 Min. nicht zugedeckt goldbraun überbacken

Beilage: Salat, Reis

Schnitzel auf dem Blech

6-8 Pers.

10	Schnitzel Salz Pfeffer	klopfen, würzen, auf ein Blech (Fettpfanne) dicht nebeneinander legen
2 1 1-2 5-6 5-6	Zwiebeln □ mittelgr. Dose Pilze, ohne Flüssigkeit Stg. Porree ⊖ Scheiben gekochten Schinken □ Scheiben Goudakäse □	alles über die Schnitzel verteilen
400 g 400 g 4 P. 8	Crème fraîche Sahne Soße zu Schweinebraten v. Maggi (2 Doppelpackungen) Essl. Wasser	gut verrühren, auf die Schnitzel gießen
		mit Alufolie abdecken, bei 190 °C 90 Min. überbacken, die Alufolie entfernen und die Schnitzel 30 Min. bräunen lassen

Abwandlung:

1	Dose Ananas	abgetropft in den letzten 30 Min. auf die Schnitzel legen

Schnitzelauflauf auf dem Blech

6-8 Pers.

10 Schnitzel Salz, Pfeffer	würzen
Butterschmalz	erhitzen, die Schnitzel von beiden Seiten braun braten, auf ein Blech (Fettpfanne) dicht nebeneinander legen
1 kg Zwiebeln ○ 1 gr. Dose Champignons ○ ohne Flüssigkeit	im Bratfett andünsten
Salz, Pfeffer	würzen, über die Schnitzel verteilen
400 g Kräuterfrischkäse 4 Becher Sahne 4 Essl. Mondamin 2 Glas Weinbrand nach Wunsch	verrühren, auf den Schnitzelauflauf gießen
	mit Alufolie abdecken, im vorgeheizten Backofen bei 190° C ca. 50 Min. überbacken
400 g mittelalten Goudakäse □	auf den Auflauf streuen, unabgedeckt weitere 15-20 Min. goldgelb überbacken

Schnitzelauflauf mit Hackfleisch

4	Schnitzel	in eine Auflaufform legen
2	Essl. Olivenöl	erhitzen
250 g	Rindsgehacktes	dazu, krümelig anbraten, auf die Schnitzel geben
1	kl. Dose Champignons O	abgetropft auf die Schnitzel streuen
2-3	Scheiben mittelalten Goudakäse	die Schnitzel abdecken
250 g 1 P.	Sahne Fix für Bolognese	verrühren, über den Käse gießen
		abgedeckt im vorgeheizten Backofen ca. 60 Min. überbacken

Beilage:
Nudeln oder Reis, Salat

Mett-Auflauf

6 Pers.

1 kg Mett	kleine Bällchen formen
Schinkenspeck, dünn geschnitten oder mageren, durchwachsenen Bauchspeck	jedes Bällchen mit einer halben Scheibe Schinken- oder Bauchspeck umwickeln und in eine oder zwei Auflaufformen setzen
500 ml Zigeuner Sauce von Hamker 250 g Sahne 4 Essl. Curry-ketschup	verrühren, über die eingewickelten Mettbällchen gießen
	im vorgeheizten Backofen bei 180°C ca. 60 Min. überbacken

Zwiebelschnitzel, überbacken

8 kl. Schnitzel	in eine gefettete Auflaufform legen
3 Zwiebeln O	über die Schnitzel geben
1 1/2 Becher Sahne 1 P. Zwiebelsuppe von Maggi	verrühren, über das Fleisch gießen
	im vorgeheizten Backofen bei 200°C ca. 50-60 Min. überbacken, die ersten 30 Min. abdecken

Kartoffelauflauf mit Hackfleisch

850 g	geschälte Kartoffeln	dünne Scheiben schneiden, in eine mit Öl ausge-strichene feuerfeste flache Form schichten
	Salz, Pfeffer	Kartoffeln würzen
2	Essl. Olivenöl	erhitzen
600 g	gemischtes Hackfleisch	dazu, 10 Min. krümelig anbraten
2-3	Zwiebeln □	
1-2	Knoblauchzehen sehr klein □	dazu, kurz anschmoren
¼ l	Tomatensaft aus der Dose	dazu, kurz aufkochen
	Salz	würzig abschmecken, Hack-fleisch über die Kartoffeln verteilen
	Cayennepfeffer	
1	Teel. Thymian	
1	gr. Dose Tomaten □	ohne Flüssigkeit darüber geben
200 g	Crème fraîche Salz, Pfeffer	verrühren, würzen, auf den Auflauf streichen
		zugedeckt im vorgeheizten Backofen bei 200°C 50 Min. backen, bei Umluft 180°C
100 g	Goudakäse □	auf den Auflauf streuen, unabgedeckt ca. 15 Min. goldbraun überbacken
3-4	Essl. geh. Petersilie	vor dem Servieren bestreuen

Beilage: Salat

Geflügelauflauf

4–6 Pers.

4	Hähnchenbrust-filets Salz Pfeffer	leicht würzen, in eine gebutterte Auflaufform legen
1	mittelgr. Dose Champignons O	abgetropft auf die Hähnchenbrustfilets geben
250 g 250 g 150 g 1 P.	Schmand Sahne Bresso-Käse Zwiebelsuppe	zusammen verrühren, darüber gießen
		im vorgeheizten Backofen bei 200 °C ca. 70 Min. garen, die ersten 40 Min. abdecken, die letzten 30 Min. unabgedeckt goldbraun überbacken

Hähnchenbrust mit Käsekruste

6 Pers.

20 g Butterschmalz (Butaris) 2 Essl. Olivenöl	erhitzen
6 Portionen Hähnchenbrust Salz Pfeffer	gewürzt dazu, anbraten
	Hähnchenbrüste in eine vorbereitete Auflaufform legen
Käsebelag: 300 g Cambozola, ohne Rinde	zerdrücken
100 g Paniermehl 3–4 abgezogene Tomaten □ Pfeffer etwas Basilikum	zu dem Käse geben, vermengen
	den Käsebelag auf die Hähnchenbrüste streichen
	im vorgeheizten Backofen zugedeckt bei 200° C ca. 35–40 Min. garen, 5–8 Min. ohne Abdeckung goldbraun überbacken

Beilage: Tomatensalat, Reis

Hähnchenbrustfilet, überbacken

6 Pers.

4	Hähnchenbrustfilets (ca. 1500 g)	in kleine Portionen teilen
8	Essl. Olivenöl	erhitzen, die Hähnchenstücke ohne zu würzen scharf anbraten, in eine gefettete Auflaufform legen
8–10	Tomaten	häuten, entkernen, würfeln, auf die Hähnchenstücke streuen
20–30	schwarze Oliven, ohne Stein	halbieren, darüber geben
3–5 2–4	Knoblauchzehen □ Chilischoten ○	gleichmäßig auf den Auflauf streuen
3–4 3–4	Rosmarinzweige Thymianzweige	waschen, zerkleinern, darüber streuen
¼ l	Hühnerbrühe (Instant)	in die Bratpfanne gießen, den Bratensud loskochen
	Salz Pfeffer	den Sud würzen, alles über die Masse gießen
2	Essl. Olivenöl	den Auflauf beträufeln
		im vorgeheizten Backofen bei 200° C ca. 30 Min. überbacken
1 1	Rosmarinzweig Thymianzweig	für die Garnierung

Beilage:
Salat, Nudeln (Spätzle) oder Baguette

Hähnchenbrust im Speckmantel

4	Portionen Hähnchenbrust	in 8 kleine Portionen schneiden
	Salz Pfeffer	würzen
16	dünne Scheiben durchwachsener, geräucherter Bauchspeck	jede Portion mit 2 Scheiben Bauchspeck kreuzweise umwickeln
40 g	Butterschmalz (Butaris)	erhitzen, die umwickelten Hähnchenbrüste von unten anbraten, damit sich der Speck zusammenzieht
		in eine Auflaufform geben, etwas Bratenfett über die Hähnchenbrustportionen geben, im vorgeheizten Backofen bei 200 °C unabgedeckt ca. 30 Min. garen

Beilage:
Kohlrabigemüse, Kartoffeln

Schwedisches Hähnchengratin

4	Hähnchenbrüste Salz Pfeffer	würzen
4	Scheiben gekochten Schinken	jede Hähnchenbrust in eine Scheibe Schinken wickeln und in eine gefettete Auflaufform legen
Sauce:		
300 g	Crème fraîche	
1	Essl. heller französischer Senf	
50 g	geriebener Käse	alles miteinander verrühren und über die Hähnchenbrüste streichen
2	Prisen schwarzer Pfeffer	
1	Teel. Basilikum	
1	Teel. Estragon	
2-3	Knoblauchzehen, gepresst	
1 P.	Soße zu Geflügel	
		zugedeckt im Backofen bei 200°C ca. 50-60 Min. garen, in den letzten 15 Min. den Deckel abnehmen, damit das Hähnchengratin bräunt

Pikante Poulardenbrust

2	doppelte Hähnchenbrustfilets (ca. 750 g)	waschen, trockentupfen, in der Mitte teilen, Knorpel entfernen
	Salz Pfeffer	würzen, mit etwas Abstand in eine große, gefettete Auflaufform legen, im vorgeheizten Backofen bei 200°C unabgedeckt 30 Min. braten
250 250 2	g Sahne g Schmand Essl. Senf, mittelscharf oder Dijon-Senf	verrühren
  1	Salz Pfeffer Prise Zucker	pikant abschmecken
1	Eigelb	unter die Creme rühren
5-7 1-2	Lauchzwiebeln ○ oder Stg. Porree ⊖	dazu
		die Creme auf die Filets verteilen, bei 200°C 30 Min. abgedeckt und ca. weitere 15 Min. unabgedeckt goldbraun überbacken

Beilage: Salat, Reis oder Salzkartoffeln

Hähnchenbrust, pikant

4	Portionen Hähnchenbrust	in eine vorbereitete Auflaufform legen
600 g 1	Sahne Flasche (500 ml) Texicana Salsa von Maggi, Tomaten-Chili-Sauce	zusammen verrühren, über die Hähnchenbrüste gießen
		zugedeckt im vorgeheizten Backofen bei 200° C ca. 60 – 70 Min. garen

Beilage:
Salat, Nudeln (Spätzle) oder Salzkartoffeln

Anmerkung:
Es kann auch anderes Fleisch verwandt werden.

Hähnchenbrustfilet

40 g	Butterschmalz	erhitzen
600 g	Hähnchenbrust-filets (4 Portionen)	dazu, anbraten
	Salz Pfeffer Kräuter nach Wunsch	würzen, in eine Auflauf-form legen
3–6	Zwiebeln O	in dem Bratenfett kurz dünsten, auf die Hähnchen-brustfilets geben
200 g 200 g 6	Frischkäse mit Kräutern Sahne Essl. Milch	gut verrühren
	Salz Pfeffer Fondor	abschmecken
		die Kräutersoße über den Auflauf gießen
		zugedeckt im vorgeheizten Backofen bei 190° C 30 Min. überbacken, anschließend ohne Abdeckung ca. 10 Min. goldbraun werden lassen

Pikante Hähnchenschnitzel

4-6 Pers.

8 Hähnchenschnitzel	waschen, trockentupfen
Senfpaste: 1 kl. Glas Löwensenf 1-2 Teel. Zitronensaft 2-3 Essl. Öl oder Dosenmilch (bräunt schneller) Salz Pfeffer Paprikapulver	verrühren, abschmecken
	die Hähnchenschnitzel mit der Senfpaste gut bestreichen, 4 Std. ziehen lassen, in eine Auflaufform legen, bei 200°C im vorgeheizten Backofen 30-40 Min. knusperig braun braten, oder auf Alufolie legen und unter dem Grill garen und bräunen

Anmerkung:
Diese Senfpaste eignet sich auch für Hähnchenflügel, halbe oder ganze Hähnchen.

Putenauflauf "Estragon" 6 Pers.

20 g 6	Butterschmalz Essl. Olivenöl	in einer Pfanne erhitzen
5–6	Putenschnitzel, paniert	dazu, braun braten, in Streifen schneiden und in eine Auflaufform geben
2–3	Zwiebeln □	in dem Bratfett kurz andünsten
4 100 g	Scheiben Kochschinken □ Schinkenspeck, geräuchert □	dazu, mit den Zwiebeln schmoren lassen
	Salz Pfeffer	würzen, alles über die Putenstreifen geben
500 g 250 g 2	Sahne Crème fraîche Essl. Estragon	verrühren, über den Auflauf gießen, 2–3 Std. ziehen lassen
		im vorgeheizten Backofen bei 190 °C ca. 50–60 Min. überbacken, die ersten 30 Min. abdecken

Beilage: Salat und Reis

Anmerkung:
Dieser Putenauflauf kann schon bis zum Überbacken am Tag vorher zubereitet werden.
Statt Putenschnitzel können panierte Hähnchenschnitzel verwandt werden.

Überbackene Putenmedaillons 6 Pers.

1 kg Putenmedaillons	mit kaltem Wasser abspülen, trockentupfen
Salz Pfeffer Paprikapulver	würzen
40 g Butterschmalz	erhitzen, die Medaillons anbraten, auf einen Teller legen
2 -3 Zwiebeln □ 200 g Kochschinken □ 1 mittelgr. Dose Champignons ○, ohne Flüssigkeit	kurz in dem Bratfett dünsten und mit dem Fleisch in eine Auflaufform schichten
2 Becher Sahne 2 Becher saure Sahne 1 Doppelpackung Pfeffersoße von Maggi	verrühren, über den Auflauf gießen
	im vorgeheizten Backofen bei 190°C ca. 50-60 Min. überbacken, in den ersten 30 Min. abdecken

Gemüse-
Fleisch-Aufläufe

Gemüseauflauf mit Mettbällchen

4	Möhren	das Gemüse putzen, waschen, entsprechend klein schneiden, in Salzwasser kurz vorgaren, abtropfen lassen
1	Kohlrabi	
600 g	Blumenkohl	
600 g	Broccoli	
100 g	Zuckerschoten	
200 g	Stangenbohnen	
400 g	Pellkartoffeln	pellen, in Scheiben schneiden
		das vorgegarte Gemüse mit den Kartoffelscheiben vermengen und in eine gefettete Auflaufform geben
500 g	Mett	zu kleinen Klößchen formen und auf dem Gemüse verteilen
250 g	Schmand	verrühren
250 g	Sahne	
	Salz	die Schmand-Sahne kräftig würzen, über den Auflauf gießen
	Pfeffer	
	Currypulver	
		im vorgeheizten Backofen zugedeckt bei 200°C ca. 60 Min. überbacken

Anmerkung:
Für diesen Auflauf kann das Gemüse nach Belieben gewählt werden.

Blattspinatauflauf

1 kg	Salzkartoffeln	abgekühlt in Scheiben schneiden, in eine ausgefettete Auflaufform geben
100 g	Goudakäse □	über die Kartoffeln streuen
20 g 500 g	Fett Mett	kurz krümelig braten
1 - 2 1	Zwiebeln □ Tasse Wasser	dazu, zugedeckt 5 Min. schmoren lassen
	Salz Pfeffer Fondor	abschmecken, auf die Kartoffeln geben
150 g 150 g	Sahne Crème fraîche	verrühren
2	Teel. Maggi fix für Kartoffel-Gratin Salz Pfeffer Fondor	abschmecken, über den Auflauf gießen
600 g	Blattspinat mit Blub	aufgetaut auf den Auflauf geben
100 g	Goudakäse □	über den Blattspinat streuen
		zugedeckt bei 200°C 50-60 Min. überbacken

Kohlrabi-Kartoffel-Auflauf

2–3	Kohlrabi	in Streifen schneiden, in etwas Salzwasser bissfest garen
10	mittelgroße Kartoffeln	garen und □
500 g 2–3	Gehacktes Zwiebeln □ Salz Pfeffer	vermischen und würzen
200 g	Goudakäse, mittelalt	reiben
		alles lagenweise in eine gefettete Auflaufform geben
1/8 l 1/8 l 1/8 l 2	Kohlrabibrühe Milch Sahne Eier	verrühren
	Salz Pfeffer ger. Muskatnuss	würzen, über den Auffauf gießen
2 1	Essl. Paniermehl Essl. Butterflöckchen	darauf verteilen
		den Auflauf im vorgeheizten Backofen bei 190 °C ca. 60 Min. überbacken, die ersten 50 Min. abdecken

Wirsingauflauf

2 Pers.

300 g Wirsing	zerlegen, die Blätter waschen, abtropfen lassen, die Hälfte der Blätter in eine gefettete Auflaufform legen
200 g Tatar 2 Eier 2 Essl. Magerquark 2-3 Zwiebeln ☐	vermischen
Salz Pfeffer etwas Majoran, gerebelt	gut würzen
	den Hackfleischteig in die Auflaufform geben und mit den restlichen Wirsingblättern abdecken
6 Essl. Gemüsebrühe 100 g mittelalter Goudakäse, gerieben	auf die Wirsingblätter geben
	im vorgeheizten Backofen bei 200°C ca. 50 Min. überbacken, die ersten 20 Min abdecken

Sauerkrautauflauf

2 Essl. Öl 400 g Gehacktes	krümelig braten
2 - 3 Zwiebeln	dazu, anschmoren
1 Tasse Wasser 1 P. Soße zu Schweinebraten	gut verrühren, zu dem Gehackten geben, kurz aufkochen
Salz, Pfeffer Paprika	pikant würzen
	die Hälfte der Fleischmasse in eine hohe Auflaufform füllen
1 mittelgroße Dose Sauerkraut, tafelfertig	mit der Gabel auseinander zupfen und auf der Fleischmasse verteilen
	das restliche Fleisch auf die Sauerkrautschicht geben
1 kg Kartoffeln $\frac{1}{4}$ l Milch 1-2 Essl. Butter Salz Muskat oder fertiges Kartoffelpüree	Kartoffelpüree herstellen, auf den Auflauf streichen, mit einer Gabel verzieren oder mit einem Spritzbeutel Muster aufspritzen
	zugedeckt im Backofen bei 180°C ca. 45 Min. überbacken

Sauerkrautauflauf mit Guss

500 g gekochte Kartoffeln ○ 120 g Emmentalerkäse □ 400 g Mettwurst □ oder Mettendchen ○ 2 saure Äpfel □ 2 Birnen □ 1 kg vorgegartes Sauerkraut, ohne Flüssigkeit	alles lagenweise in eine große Auflaufform schichten, als erste Schicht Kartoffeln
Guss: $\frac{1}{4}$ l Milch 300 g Crème fraîche Salz, Pfeffer	verrühren, abschmecken
4 Eier	dazu, unterrühren
	den Guss über den Auflauf schütten
500 g gekochte Kartoffeln ○	als letzte Schicht auf den Auflauf legen
Zum Bestreuen: 100 g Käse □	auf die Kartoffelscheiben streuen
	im vorgeheizten Backofen zugedeckt bei 200°C ca. 70 – 80 Min. überbacken

Zucchini, gefüllt

6 Zucchini (20–24 cm lang)	waschen, abtrocknen, der Länge nach halbieren, mit einem kleinen Löffel die Kerne herausschaben
300 g Gehacktes vom Rind 300 g Mett 1 kl. Gemüsezwiebel □ 2 Eier 3 Essl. Ketschup ½ Teel. Sambal Oelek Salz Pfeffer	einen pikanten Fleischteig herstellen
200 g Goudakäse, mittelalt □ 1 rote Paprika □ 1 grüne Paprika □	unter den Fleischteig mischen
	die Zucchinihälften mit der Fleischmischung füllen und nebeneinander in eine längliche gefettete Auflaufform legen, im vorgeheizten Backofen bei 190 °C ca. 50–60 Min. überbacken

Herbstauflauf

4	Essl. Olivenöl	erhitzen
300 g	Rinderhackfleisch	dazu, anbraten
1 1 1	rote Paprika □ grüne Paprika □ gr. Zwiebel ⊖	dazu, 5 Minuten schmoren
1 $\frac{1}{4}$	gestr. Teel. Salz Teel. Paprikapulver etwas Pfeffer	würzen
1	mittelgroße Dose Sauerkraut	gut ausdrücken, die Hälfte des Sauerkrautes in eine Auflaufform geben
		Hackfleisch und Paprika darauf verteilen
		mit dem Rest Sauer-kraut bedecken
250 g	Sahne	darüber gießen
		zugedeckt bei 200°C 40 Minuten überbacken
	etwas Paprikapulver	als Garnierung

Beilage: Reis

Nudeleintöpfe
Nudelgerichte
Nudelaufläufe

Gemüse-Nudel-Eintopf

250 g	Nudeln	in Salzwasser garen, auf einen Durchschlag geben, mit kaltem Wasser abschrecken und gut abgetropft in einen Topf oder in ein Mikrowellengeschirr füllen
2-3	Zwiebeln □	unter die Nudeln heben
	Fondor Knoblauchpulver Oregano, wenig	würzen
200 g	Sahne	darüber gießen
300 g	Buttergemüse, tiefgefroren	dazu
		auf dem Herd oder in der Mikrowelle garen, das Gemüse sollte Biss behalten
Verfeinerung: $\frac{1}{2}$	Fleischwurstring mit Knoblauch □	mit dem Buttergemüse auf die Nudeln geben

Schottentopf

1	Essl. Öl	erhitzen
200 g	Mett	dazu, krümelig anbraten
½ 1	Ring Fleischwurst mit Knoblauch □ mittelgroße Dose kl. Champignons, ohne Flüssigkeit	dazu, kurz anbraten
1 ¼ l 1	Packung Bolognese fix von Maggi Wasser Messersp. Sambal Oelek, feurig-scharf	dazu, gut verrühren, einmal aufkochen
250 - 350 g	Gabel-spagetti oder andere Nudeln	in Salzwasser garen, die abgeschütteten Nudeln mit kaltem Wasser abschrecken, gut abgetropft unter den Fleischtopf heben
125 g	Sahne oder Milch	dazu
	Salz Paprikapulver Curryketchup	abschmecken

Kosakeneintopf

40 g Margarine	auslassen
400 g Gehacktes halb Rindfleisch halb Schweinefleisch	das Hackfleisch klein zerpflücken, anbraten
250 g Zwiebeln ⊖	dazu, kurz schmoren
3/4 l Brühe (Wasser, 1 Brühwürfel) 2 kl. Dosen Tomatenmark 150 g saure Sahne	dazu, aufkochen
1/2 Teel. Salz 1/4 Teel. Paprikapulver 1/8 Teel. Pfeffer	dazu
250 g Spagetti	handbreit brechen, dazu, 20 Minuten garen (Drahtuntersatz)
1/8 - 1/4 l Milch	dazu, verrühren
	abschmecken
Verfeinerung: geriebener Käse	darüber streuen

Anmerkung:
Der Drahtuntersatz verhindert das Anbrennen.

Nudeltopf

500 g	Nudeln Salzwasser	die Nudeln bissfest garen, gut abgetropft in eine gefettete Auflaufform geben
1	Essl. Öl	
40 g	Butterschmalz	auslassen
100 g	Schinken ☐	dazu,
400 g	Hühnerbrust ☐	anbraten
3-4	Zwiebeln ☐	dazu,
1	Knoblauchzehe ▫	2 Min. schmoren lassen
500 g	Sahne	
$\frac{1}{8}$ l	Wasser	dazu,
1	Essl. gekörnte Brühe Salz, Pfeffer	einmal aufkochen, abschmecken
200 g	TK Erbsen	
1	kleine Dose Mais, ohne Flüssigkeit	dazu, 2 Min. köcheln lassen, abschmecken
250 g	Champignons, geviertelt	
	Fix-Soßenbinder, hell	etwas binden
		die Fleisch-Gemüse-Soße über die Nudeln gießen, leicht unterheben
200 g	Goudakäse, gerieben	über den Auflauf streuen
		im vorgeheizten Backofen bei 200°C ca. 40 Min. überbacken

Porree-Nudel-Eintopf

2	Essl. Öl	erhitzen
400 g	Gehacktes	zerbröseln, dazu, anbraten
3–4 2	Zwiebeln □ Stg. Porree ⊖	dazu, kurz anschmoren
¾ l 2	Wasser Gemüsebrüh-würfel	dazu, einmal aufkochen
	Salz Pfeffer Fondor	abschmecken
250 g	Nudeln	dazu, 15–20 Min. köcheln lassen
150 g	Crème fraîche	dazu, unterrühren
		abschmecken

Anmerkung:
Nach Wunsch kann der Porree-Nudel-Eintopf mit Maggi Würze abgeschmeckt werden.

Nudelpfanne

2	Essl. Öl	erhitzen
2-3	Scheiben gekochten Schinken	in Streifen schneiden, dazu,
100-150 g	Fleischwurst	kurz anbraten
2-3 4 4	Zwiebeln □ Tomaten □ Gewürzgurken □	dazu
1 1	rote Paprika grüne Paprika	in Streifen schneiden, dazu, alles 5 Min. schmoren lassen
150 g	Crème fraîche	dazu, einmal aufkochen
	Salz Pfeffer Kräuter	abschmecken
2 l 1 ½ 1	Wasser Essl. Salz Essl. Öl	zum Kochen bringen
250 g	Bandnudeln (nach Wunsch grün)	dazu, 10-12 Min. kochen, abschütten, abschrecken, gut abgetropft unter die anderen Zutaten heben
		nochmals abschmecken

Anmerkung:
Nach Wunsch können auch 1-2 Knoblauchzehen klein gewürfelt dazu gegeben werden.

Nudel-Broccoli-Pfanne

250 g	Bandnudeln Salzwasser	bissfest garen
1	Essl. Öl	
300 g	TK Broccoli	in den letzten 5 Min. der Nudel-Kochzeit unaufgetaut dazu, Nudeln und Broccoli in einen Durchschlag schütten, kurz mit kaltem Wasser ab-schrecken
100 g	durchwachsener, geräucherter Bauchspeck □	in einer Pfanne erhitzen
2-3	Zwiebeln □	dazu, kurz mit dem Bauchspeck dünsten
		Nudeln und Broccoli dazu, zugedeckt 3 Min. schmo-ren lassen
200 g 3	Sahne Eier	verrühren
	Salz, Pfeffer wenig geriebene Muskatnuss	abschmecken
		die Eier-Sahne über die Nudel-Broccoli-Pfanne gießen, zugedeckt bei schwacher Hitze 10 Min. stocken lassen

Tortellini mit Schinken

1	l Fleischbrühe (Instant)	zum Kochen bringen
250	g Tortellini	dazu, 15 Min. köcheln lassen, abtropfen
2 4	Becher Crème fraîche Essl. Milch	in einen Topf geben, verrühren
     1	Salz Pfeffer geriebene Muskatnuss Fondor gepresste Knoblauchzehe	dazu, abschmecken, unter Rühren einmal aufkochen
200	g Kochschinken	in Streifen schneiden
		Tortellini und Kochschinken unter die Crème fraîche-Soße heben
	etwas Salbei oder Kräuter nach Wunsch	dazu, nochmals abschmecken, anrichten

Cannelloni, gefüllt

6–8 Pers.

2	Essl. Olivenöl	erhitzen
350 g 2–3 1–2	Rinderhackfleisch Zwiebeln □ Knoblauchzehen □	dazu, kurz anbraten
 ½ 2	Salz, Pfeffer Teel. Oregano Teel. Tomatenmark	gut abschmecken
100 g 2	Käse □ Essl. Sahne	dazu, unterrühren
1	Packung Cannelloni	die Fleischmasse in die Cannelloni füllen, nebeneinander in zwei gefettete, feuerfeste Formen legen
500 g ½ l	Tomaten Wasser	kurz aufkochen, Tomaten häuten
		Tomaten zerdrücken
1	Tasse Wasser	mit den zerdrückten Tomaten 5 Min. köcheln
		Tomatensoße über die gefüllten Cannelloni gießen
100 g	Käse, gerieben	bestreuen
		im Backofen bei 190 °C ca. 30 Min. backen, (davon 20 Min. abgedeckt)

Anmerkung:
Cannelloni sind ohne Vorkochen gebrauchsfertig.

Gemüse-Lasagne

6 Pers.

2	Essl. Öl	erhitzen
500 g	Hackfleisch	dazu, krümelig anbraten
5-6	Zwiebeln □	dazu, glasig dünsten
500 g 300 g 1-2 ¼ l 1	Pomito - passierte Tomaten Tiefkühl-Buttergemüse mit Butter und Kräutern Knoblauchzehen □ Sahne oder Milch gestr. Teel. Salz	dazu, einmal aufkochen
1 ½ l	Doppelpackung Pfeffersoße von Maggi Wasser	verrühren, in die kochende Hackfleisch-Gemüse-Soße geben, unter Rühren aufkochen
	Salz, Pfeffer Paprikapulver Oregano, wenig	abschmecken
350 g	Lasagne-Blätter (Nudeln)	mit der Soße in zwei gefettete Auflaufformen schichten, die restliche Soße auf die oberste Schicht geben
200 g	Goudakäse □ oder geriebener Parmesankäse	darüber streuen
		im Backofen bei 200°C ca. 60 Min. überbacken

Sauerkraut-Lasagne

2	Essl. Olivenöl	erhitzen
2-3	Zwiebeln □	dazu, glasig dünsten
2	rote Paprika	in Streifen schneiden, dazu
500 g	mildes Wein-sauerkraut	gut ausdrücken, auseinander zupfen, dazu
2 $\frac{1}{8}$ l	Essl. Tomatenmark Weißwein	dazu, 15 Min. abgedeckt garen
200 g 200 g	Schmand Crème fraîche etwas Zucker Salz, Pfeffer	verrühren, dazu, abschmecken
10-12	grüne oder weiße Lasagneblätter	Lasagne und Sauerkraut abwechselnd in eine gefettete Auflaufform schichten, als letzte Schicht Lasagneblätter
1	Dose Pizzatomaten oder abgezogene Tomatenscheiben	auf die Lasagne geben
100 g	geriebener Emmentaler	darüber streuen
		im vorgeheizten Backofen bei 180° C ca. 50 Min. überbacken

Abwandlung:

Sauerkraut-Lasagne mit Mett

600 g	Mett	mit den Zwiebeln krümelig anbraten

Makkaroniauflauf

250 g Makkaroni	handbreit brechen
$1\frac{1}{2}$ l Wasser 1 Essl. Salz 1 Essl. Öl	Makkaroni in kochendes Salzwasser streuen, 15 Min. leicht sprudelnd kochen lassen
	die Nudeln auf ein Sieb geben, mit kaltem Wasser übergießen, gut abtropfen lassen
100 g Schinken □ 125 g Fleischwurst □	mit den Makkaroni vermengen, in eine ausgefettete Jenaer Glasschüssel geben
$\frac{1}{4}$ l Milch 3 Eier	gut verrühren
$\frac{1}{2}$ Teel. Salz $\frac{1}{8}$ Teel. Pfeffer etwas Muskat	würzen, über die Makkaroni gießen
2 Essl. Paniermehl	darüber streuen
20-30 g Butter	in Flöckchen darauf verteilen
	200°C – $\frac{3}{4}$ Std. überbacken, zugedeckt

Abwandlung:
125 g gewürfelten Käse unter die Nudeln heben.

Makkaroni - Nester

6 Pers.

500 g	Makkaroni	im Salzwasser bissfest kochen, abtropfen lassen
		die Makkaroni in eine ausgefettete Auflaufform als Nester dicht nebeneinander setzen
4	Essl. Öl	erhitzen
800 g	Putenschnitzel □	dazu, anbraten
4-5	Fleischtomaten	kurz in kochendes Wasser geben, häuten und würfeln, dazu
1	Bund Lauchzwiebeln	putzen, abspülen, in Scheiben schneiden, dazu
1	rote Chilischote	entkernen, in feine Ringe schneiden, dazu
		alles 5 Min. köcheln lassen
	Salz, etwas Zucker Cayennepfeffer	scharf abschmecken
		die Makkaroninester mit dem Puten-Tomatenfleisch füllen
2 P.	fertige Sauce Hollandaise	über die gefüllten Nester geben
200 g	Goudakäse □	darüber streuen
		im vorgeheizten Backofen bei 190° C ca. 40-50 Min. überbacken
	gehackte Petersilie	vor dem Anrichten bestreuen

Makkaroniauflauf mit Blattspinat 6 Pers.

500	g	Makkaroni, halbieren	in Salzwasser garen, kalt abschrecken, abtropfen lassen, geordnet in eine gebutterte Auflaufform geben
1		Essl. Öl	
300	g	mageren, geräucherten Schinken ☐	auf die Makkaroni streuen
600	g	TK Spinat mit Blub	etwas aufgetaut auf den Schinken legen
		Salz Pfeffer etwas Muskat	den Spinat würzen
			die restlichen Makkaroni geordnet auf den Spinat legen
5-6		Eier	verrühren
3/8	l	Milch	
		Salz Pfeffer Muskat	die Eier-Milch abschmecken, über den Auflauf gießen
50	g	Parmesankäse am Stück	reiben, über den Auflauf streuen
			im vorgeheizten Backofen bei 200 °C zugedeckt ca. 60 Min. hellbraun überbacken

Westfälischer Schinkenauflauf

250 g Makkaroni	in Salzwasser bissfest garen, abschrecken, die langen Makkaroni in eine vorbereitete Auflaufform legen
300 g Kochschinken □ 100 g Schinken, geräuchert □	über die Nudeln streuen
2 Essl. Olivenöl	erhitzen
3 Zwiebeln □	dazu, kurz anschmoren
1 1/4 Essl. Mehl	dazu, verrühren
1/4 l Brühe (Instant) 1/4 l Sahne	dazu, unter Rühren einmal aufkochen
Salz Pfeffer Muskat	abschmecken, die Soße kalt stellen
2 Eier 30 g Parmesankäse, gerieben	unter die abgekühlte Soße rühren
	die Soße über den Auflauf gießen
50-100 g Goudakäse □	darüber verteilen
	den Auflauf bei 190° C ca. 50-60 Min. überbacken

Griechischer Nudelauflauf

8 Pers.

50 g	Margarine	
600 g	Rinderhackfleisch	anbraten
1 - 2	Zwiebeln □	
3 - 4	Eßl. geh. Petersilie	dazu, aufkochen, köcheln, bis es sämig wird
	Salz nach Geschmack	
1/2	Teel. Pfeffer	
1/2	Teel. Paprikapulver	
1/2	Teel. Muskat	
1 1/2	kl. Dosen Tomatenmark	
2	Tassen Wasser	
500 g	dicke Makkaroni Nr. 13	garen, abschrecken, gut abtropfen lassen
	Salzwasser	
1	Eßl. Öl	
100 g	Butter	erhitzen, nicht bräunen
3	Eßl. Mehl	dazu, gut verrühren
1/2 l	Milch	unter Rühren dazu, aufkochen, von der Platte nehmen
1/2 l	kalte Milch	dazu, verrühren
3	Eier	schaumig schlagen, vorsichtig unter die lauwarme Tunke rühren
		unter gutem Rühren kurz aufkochen (Schneebesen)
	Salz, Pfeffer, Muskat	die Tunke abschmecken

Zwei Auflaufformen einfetten und mit Paniermehl bestreuen. Die Nudeln verteilen, das Gehackte darauf geben. Jetzt die Tunke auf das Gehackte gießen.

100 g	Parmesankäse	die Aufläufe bestreuen

Backzeit: 50 - 60 Min. bei 170 °C, nicht vorheizen

Spagetti, überbacken

350 g Spagetti	in Salzwasser bissfest garen, abschütten, abschrecken, abtropfen lassen
100 g durchwachsener, geräucherter Bauchspeck □	anbraten
2–3 Zwiebeln □	dazu, goldgelb schmoren
100 g Kochschinken	in Streifen schneiden, dazu
1 gr. Dose geschälte Tomaten □	mit der Flüssigkeit dazu
1 mittelgr. Dose Champignons ○	ohne Flüssigkeit dazu
½ Teel. Basilikum 1 Essl. Zitronensaft Salz, Pfeffer	die Soße abschmecken, 5 Min. köcheln lassen
	die Spagetti mit der Soße mischen und in eine gebutterte Auflaufform geben
150 g frisch geriebener Parmesankäse	auf den Auflauf streuen
	im vorgeheizten Backofen bei 200 °C ca. 15 Min. goldbraun überbacken
2 Essl. gehackte Petersilie	vor dem Servieren bestreuen

Nudelauflauf mit Zucchini

300 g	Hörnchennudeln Salzwasser		knapp bissfest garen, abschrecken, abtropfen lassen
1	Teel. Öl		
1	Essl. Öl		in der Pfanne erhitzen
200 g	Salami	□	dazu, kurz anbraten
1-2	Zwiebeln	□	
400 g	Zucchini	□	
	Salz Pfeffer		würzen
			alle Zutaten mischen und in eine gefettete Auflaufform geben
150 g	Naturjoghurt		verrühren, über den Auflauf gießen
2	Eier		
6	Essl. Milch		
50 g	junger Edamer Käse	□	darauf verteilen
1	Essl. Butterflöckchen		
			den Auflauf im vorgeheizten Backofen bei 190°C ca. 50 Min. goldgelb überbacken, die ersten 40 Min. abdecken

Beilage: Grüner Salat

Spagetti-Zucchini-Auflauf

250 g Spagetti	in Salzwasser nur bissfest garen, abschütten, abschrecken, in eine gefettete Auflaufform geben
2 Essl. Olivenöl	erhitzen
300 g Zwiebeln □	dazu, anschmoren
500 g Zucchini □ 250 g mageren Kochschinken □ oder Jagdwurst □	dazu, kurz weiter schmoren lassen
150 g saure Sahne 150 g Crème fraîche 1/8 l Milch 1/8 l Sahne	verrühren, dazu gießen
Salz Pfeffer China-Gewürz	gut abschmecken
	alles über die Spagetti geben
150 g mittelalten Goudakäse □	auf den Auflauf streuen
	im vorgeheizten Backofen zugedeckt bei 200° C 40 Min. überbacken, ohne Deckel ca. 10 Min. weiter bräunen lassen

Zucchiniauflauf

250 g Nudeln	in Salzwasser garen
	die Nudeln auf ein Sieb geben, mit kaltem Wasser übergießen, gut abtropfen lassen
3 kleine Zucchini ⊖ 4 Tomaten ○ 150 g gekochten Schinken □	mit den Nudeln lagenweise in eine große Auflaufform geben
75 g Crème fraîche 250 g Sahne	gut verrühren
Ketschup Salz Pfeffer Fondor	Sahnecreme ab- schmecken und über den Auflauf gießen
1 Essl. Paniermehl	nach Wunsch be- streuen
	den Auflauf zugedeckt bei 180 °C ca. 1 Std. überbacken
Verfeinerung: 100 g Käse □	unter die Nudeln heben

Anmerkung:
Zucchini und Tomaten sollten Biss behalten.

Fischgerichte
Fischaufläufe

Fisch - Gemüse - Suppe

350 g	Rotbarschfilet	säubern, würfeln
3	Essl. Zitronensaft Salz	würzen, zugedeckt kühl stellen
2	Essl. Butter	auslassen
1	Zwiebel □	dazu, glasig dünsten
1 - 2 200 g	Stg. Porree Möhren	putzen und in feine Streifen schneiden, dazu, kurz andünsten
¼ l gut ½ l	trockener Weißwein Wasser	mit der Flüssigkeit ablöschen
	Salz Pfeffer	würzen, 20 Min. leicht köcheln lassen
100 g	Krabben	kalt abspülen, dazu
		Rotbarschwürfel jetzt in die Suppe geben, 10 Min. bei geringer Hitze ziehen lassen
		vor dem Anrichten nochmals abschmecken

Gurkenpfanne mit Rotbarsch

Schnittlauchmajonäse:		
3	Essl. Majonäse	alles zusammen verrühren, abschmecken
150 g	Naturjoghurt	
2-3	Essl. Zitronensaft	
2	Teel. Senf	
	Salz, Pfeffer	
2	hart gekochte Eier □	dazu, die Majonäse bis zum Anrichten kalt stellen
2 Bund	Schnittlauchröllchen	
500 g	Rotbarschfilet	den Fisch säubern, trockentupfen, groß würfeln und würzen
1	Essl. Zitronensaft	
1	Essl. Worcestersoße	
	Salz, Pfeffer	
5	Essl. Olivenöl	erhitzen, den Fisch dazu, braten, aus der Pfanne nehmen und warm stellen
650 g	Schmorgurken	schälen, längs halbieren, mit einem Löffel entkernen, breite Scheiben schneiden
1-2	Zwiebeln □	Gurken und Zwiebeln im Bratenfett anbraten, würzen, 10 Min. zugedeckt garen
	ger. Zitronenschale, unbeh., Salz, Pfeffer	
		den Fisch dazu, unterheben, alles zugedeckt 2 Min. schmoren lassen
1	Bund Dill, gehackt	dazu, anrichten

Zur Gurkenpfanne mit Rotbarsch die Schnittlauchmajonäse servieren.

Statt Rotbarsch kann auch Seelachs verwandt werden.

Spanische Fischpfanne

4	Essl. Olivenöl	erhitzen
200 g	durchwachsener, geräucherter Bauchspeck □	dazu, kurz anbraten
3-4	Zwiebeln □	dazu, kurz schmoren
6 75 g 3 5	Essl. Olivenöl getrocknete Tomaten, in Streifen gr. Tomaten, achteln Knoblauchzehen □	dazu, 5 Min. schmoren lassen
2	Rotbarschfilets, groß □	dazu, 3 Min. schmoren lassen
2	Sepien □ (Tintenfische)	dazu, unterheben 5 Min. weiter schmoren
	Salz, Pfeffer	würzen
8	Scampi	geschält oben auf die Fischpfanne legen, 2 Min. weiter schmoren lassen, sofort in der Pfanne servieren

Beilagen:
Salat und Reis

Anmerkung:
Dieses Gericht lässt sich nur mit ganz frischem Fisch zubereiten.

Partysalat mit Thunfisch

1	Dose Thunfisch	gut abtropfen lassen,
1	Dose Ananas	klein schneiden, in eine große Schüssel geben
1	Glas Sellerie, geraspelt	abtropfen lassen, dazu
5	gekochte Kartoffeln	
5	Gurken	
5	hartgekochte Eier	klein schneiden, dazu
3	Äpfel	
1	Zwiebel	
1	Glas Remoulade	auf die geschnittenen Salatzutaten geben, vorsichtig vermischen, anrichten
	Petersilie Gurken oder Ananas	für die Garnierung

Burgunder Heringe

1/4 l Rotwein 1/4 l Weinessig 250 g Zucker 10 Pfefferkörner 2 Lorbeerblätter 5 Nelkenköpfe	alles zusammen einmal aufkochen
250 g Zwiebeln O	dazu, 5 Min. köcheln lassen, kalt stellen
8 Matjesfilets	in die Marinade legen, kalt stellen, 2-3 Tage zugedeckt ziehen lassen
	gut gekühlt servieren

Rotbarschschnitten

6 Pers.

1	kg Rotbarschfilet	säubern, säuern, salzen
100	g durchwachsener, geräucherter Bauchspeck □	
2 - 3	Zwiebeln □	
2	Gewürzgurken □	alles zusammen verrühren,
1	Essl. Tomatenmark	die Soße pikant
1	Teel. Senf	abschmecken
2 - 3	Scheiben Käse □	
8	Essl. Milch oder Sahne	
	Saft einer Zitrone	
1	Prise Zucker	
	Salz nach Geschmack	
		den Fisch in Portionen schneiden und waagerecht durchschneiden, die unteren Hälften in eine gefettete Auflaufform legen, etwas Soße über den Fisch geben, die oberen Hälften darauf legen, die restliche Soße oben auf den Fisch streichen
8	Käsestreifen	als Garnierung
		im vorgeheizten Backofen bei 200°C ca. 40-50 Min. garen
	Fix-Soßenbinder, hell	Soße nach Wunsch binden

Rotbarsch mit Schinkenhaube

4	Portionen Rotbarschfilet	säubern, säuern, salzen, in eine gefettete Auf - laufform legen
2	Essl. Olivenöl	erhitzen
3	Essl. Paniermehl	dazu, leicht anrösten, von der Kochstelle nehmen, abkühlen lassen
80 g 80 g	Kochschinken □ Goudakäse □	zum Paniermehl geben
2	Eigelb	dazu, unterrühren
2	Eiweiß	steif schlagen, dazu, vorsichtig unterheben, die Masse auf den Fisch streichen
		im Backofen zugedeckt bei 200°C ca. 30-40 Min. überbacken, ohne Abdeckung ca. 10 Min. leicht bräunen lassen

Beilage:
Salat, Kräuterdip, Kartoffeln

Anmerkung:
Es kann gut TK Rotbarsch verwandt werden.

Überbackener Rotbarsch

1	Packung TK Rotbarsch (4 Portionen)	abspülen, trockentupfen
40 g	Margarine	erhitzen, den Fisch langsam anbraten
	Salz, Pfeffer Zitronensaft	würzen
		den Fisch in eine gefettete Auflaufform legen
3	Zwiebeln O	in die Bratpfanne geben, andünsten
1	Glas Champignons	abgetropft dazu, unter ständigem Wenden mit den Zwiebeln leicht bräunen, auf den Fisch geben
1 3	Glas Oliven mit Paprikafüllung (abgetropft) O Tomaten O	auf den Auflauf geben
	Salz Pfeffer	würzen
125 g 100 g	Schmand geriebener Emmentalerkäse	verrühren, gleichmäßig auf den Auflauf streichen
		im vorgeheizten Backofen bei 200° C ca. 20-30 Min. überbacken

Beilage: Gemischter Salat, körnig gekochter Reis

Rotbarschfilet, überbacken

6 Pers.

1000 g	Rotbarschfilet	waschen, trockentupfen, in Portionen schneiden
	Salz Pfeffer	würzen
6-8	Essl. Olivenöl	erhitzen, den Fisch von beiden Seiten braten, in eine gefettete Auflaufform legen
4	Tomaten O	auf den Fisch legen
	Basilikum	die Tomaten würzen
300 g	frische Champignons O etwas Zitronensaft	beträufeln, auf die Tomaten geben
3	Scheiben mageren Kochschinken	in Streifen schneiden, auf dem Auflauf verteilen
150 g	mittelalter Goudakäse, gerieben	darüber streuen
		im vorgeheizten Backofen bei 190 °C ca. 20-30 Min. überbacken

Anmerkung:
Als Beilage passen hierzu Naturreis oder Vollkornnudeln und Salat.

Fisch in Curry-Sahne-Soße

400 g	Kabeljaufilet	waschen, trockentupfen, in Portionen schneiden
3	Essl. Zitronensaft Salz	würzen
		den Fisch in eine gefettete Auflaufform legen
1 200 g	Bund Frühlingszwiebeln ○ Tomaten ○	auf den Fisch schichten
Soße: 20 g	Butter	erhitzen
1-2	Zwiebeln □	dazu, andünsten
1	Teel. Mehl	trocken dazu, kurz verrühren
1/8 l 125 g	Wasser Sahne	dazu, aufkochen
1-2 1	Teel. Currypulver Teel. Gemüsebrühe, Instant Salz, Pfeffer	dazu, 1 Min. köcheln lassen, gut abschmecken
		die Soße über den Fisch gießen
		den Auflauf im vorgeheizten Backofen bei 200°C ca. 30 Min. überbacken

Beilage: Salat und Wildreismischung

Fisch-Spinatauflauf

2 Pers.

450 g Rahm-Blattspinat, tiefgefroren	fast aufgetaut in eine Auflaufform geben
250 g Schollenfilets, tiefgefroren oder Kabeljaufilets, tiefgefroren	unter fließendem Wasser kalt abspülen, trockentupfen
Salz 2 Teel. Zitronensaft	den Fisch würzen, auf den Blattspinat legen
80 - 100 ml Sauce Hollandaise	über den Auflauf gießen
	im vorgeheizten Backofen bei 190 °C ca. 40-50 Min. hellbraun überbacken (30 Min. zugedeckt)
Verfeinerung: 1 Essl. Zitronensaft	über den Rahm-Blattspinat träufeln, darauf den vorbereiteten Fisch legen

Spinat-Lachsforellen-Auflauf

900 g TK Blattspinat 2 Zwiebeln ▫ 2 – 3 Knoblauchzehen ▫ 1 Teel. Salz 6 – 8 Essl. Wasser	Spinat auftauen, alles zusammen 10 Min. köcheln lassen
Fix Soßenbinder, hell	leicht andicken, abschmecken
	den Spinat in 2 vorbereitete Auflaufformen geben
4 Lachsforellenfilets (ca. 1 000 g)	säubern, trockentupfen
Salz, Pfeffer Zitronensaft	würzen
	den Fisch auf den Spinat legen
Belag: 500 g Sahne 3 Eier 1/4 Teel. Salz 150 g ger. Goudakäse	verrühren (bei pikantem Käse entfällt Salz)
	auf den Fisch geben
100 g ger. Goudakäse	den Belag bestreuen
	im vorgeheizten Backofen bei 180°C (Umluft 160°C) ca. 45 Min. überbacken

Beilage: Salzkartoffeln

Anmerkung: Es kann auch anderer Fisch verwandt werden.

Spinatauflauf mit Lachsforellenfilet und Wein

1	Essl. Butter	auslassen
2	Zwiebeln □	dazu,
1–2	Knoblauchzehen □	kurz glasig dünsten
600 g	TK Blattspinat, aufgetaut	verrühren, dazu,
4	Essl. Sahne	5 Min. schmoren lassen
	Salz, Pfeffer, Muskat	würzen, abschmecken
		den Spinat in eine gefettete Auflaufform geben
4	Portionen Lachsforellenfilet oder Lachsfilet	waschen, trockentupfen
	Salz, Pfeffer	würzen,
2	Essl. Zitronensaft	auf den Spinat legen
Fischsoße:		zusammen köcheln lassen, damit der Wein etwas einkocht
1	Glas Weißwein	
2	Zwiebeln □	
250 ml	Fisch-Fond	dazu, 5 Min. weiter köcheln lassen, mit dem Mixstab die Fischsoße pürieren
200 g	Sahne	dazu
	Salz, Pfeffer	würzen
	Fisc-Soßenbinder, hell	die Fischsoße binden, auf den Auflauf schütten
		im vorgeheizten Backofen bei 190°C ca. 35 Min. hellbraun überbacken

Nudel-Lachs-Auflauf

6 Pers.

250 g Bandnudeln 250 g Bandnudeln mit Spinat	in Salzwasser 3 Min. (bissfest) kochen, abgetropft in zwei vorbereitete Auflaufformen geben
40 g Butter	erhitzen
4 Portionen Lachs (500-750 g) Salz Pfeffer	würzen, in der Butter goldbraun braten, in kleine St. zerpflücken, auf die Nudeln geben
1 Essl. Olivenöl	erhitzen
75 g Schinkenwürfel 2-3 Zwiebeln □	dazu, kurz andünsten
200 g Sahne 150 g Crème fraîche 250 g Schmand 300 ml Milch 2½ Essl. Hummer-Suppen-Paste	dazu, einmal aufkochen
3/8 l Weißwein (½ Flasche)	dazu, nicht mehr kochen lassen
Salz Pfeffer Fondor	pikant abschmecken, über die Nudeln gießen
400 g geriebenen Käse	die Aufläufe bestreuen
	bei 200 °C 30 Min. abgedeckt und ca. weitere 10 Min. unabgedeckt goldbraun überbacken

Beilage: Salat

Lachs auf Gemüse

4		Portionen Lachs	säubern, trockentupfen
		Zitronensaft Salz, Pfeffer	würzen
			den Fisch in eine gefettete Auflaufform legen
3 200 1	Essl. g Stg.	Olivenöl Zwiebeln □ Porree ⊖	kurz dünsten, auf den Fisch geben
2 300 300 200	 g g g	Fenchelknollen Brokkoli Champignons Möhren	putzen, klein schneiden, über den Fisch verteilen
Soße: 150 150 1/8 1	 g g l 	 Crème fraîche Kräuter-Crème fraîche Weißwein Salz, Pfeffer Prise Zucker	verrühren, abschmecken
1		Ei	dazu, die Soße über den Auflauf gießen
			im vorgeheizten Backofen bei 200°C ca. 60 Min. überbacken

Anmerkung:
Beliebiges Gemüse verwenden!

Lachsfilet mit Krabben

4 Lachsfilets	säubern, unaufgetaut in eine gebutterte Auflaufform legen
400 g Sahne $\frac{1}{2}$-$\frac{3}{4}$ Sahnebecher Wein 2 P. Skandinavische Krabbensuppe von Maggi	verrühren
nach Wunsch: 100 g Krabben	kurz waschen, abgetropft dazu
	die Krabbensoße über den Fisch gießen, im Backofen zugedeckt bei 190°C ca. 40 Min. überbacken, weitere 10 Min. ohne Abdeckung bräunen lassen

Lachsfilet

4	Lachsfilets	säubern, in eine gebutterte Auflaufform geben
4 6	Essl. Zitronensaft Essl. Weißwein	Lachsfilets damit beträufeln
1 2 P.	Tüte Kräuter-Sauce von Maggi Sauce Hollandaise etwas Milch	verrühren, über den Fisch gießen
		im Backofen bei 180°C ca. 40 Min. überbacken
1	Essl. Dill, gehackt	vor dem Verzehr darüber streuen

Abwandlung:

1 P. 1/4 l	Sauce Hollandaise Milch	statt 2 P. Sauce Hollandaise
	Salz Fondor	abschmecken

Kartoffelgerichte

Ofenkartoffeln

gewünschte Kartoffelmenge	mit der Schale gründlich waschen, das Wasser abtropfen lassen
	ein Backblech mit Backpapier auslegen
Olivenöl	das Backpapier be-streichen
Salz Pfeffer Paprika Kümmel, ganz	auf den Ölspiegel streuen
	die Kartoffeln längs durchschneiden, dicht nebeneinander mit der Schnittfläche auf die Gewürze legen, im Backofen bei 200°C ca. 35 Min. garen lassen

Beilage:
Dips

Anmerkung:
Zu Dips und Quarkspeisen kann auch statt Sahne oder Milch Mineralwasser verwandt werden.

Klöße aus Omas Küche

1,5 kg gekochte Salzkartoffeln (festkochend)	durch einen Fleischwolf drehen (kleine Löcher)
70 g Mehl 80 g Kartoffelmehl 120 g Grießmehl 1 Ei 1 1/2 Teel. geriebene Muskatnuss 1 1/2 Teel. Salz	zu den durchgedrehten Kartoffeln geben, gut vermischen, aus dem Kartoffelteig ca. 20 Klöße mit Hilfe von Mehl formen
	einen großen Topf mit Salzwasser zum Kochen bringen, einen Musterkloß hinein geben, das Wasser kurz unter dem Siedepunkt halten, sobald der Kloß hoch kommt, ihn weitere 8 Min. ziehen lassen, ist dieser Kloß ganz geblieben, können die Klöße in zwei Portionen so gegart werden

Anmerkung:
Sollte der Musterkloß nicht zusammenhalten, etwas mehr Mehl unter die Masse kneten.
Die angerichteten Klöße mit in Butter gebräuntem Paniermehl beträufeln.

Kartoffelplätzchen

1500 g	Kartoffeln	reiben, etwas Wasser
2	Zwiebeln	abnehmen
2	Eier	
2	Essl. Mehl (oder 1 Essl. Mehl und 2 Essl. Haferflocken)	dazu, gut verrühren
2	Teel. Salz	
	Öl	in der Pfanne erhitzen
		die Masse esslöffelweise dazu und zu Plätzchen platt drücken, von beiden Seiten knusperig braun braten

Verfeinerung:

2	Essl. Sahne	zur Kartoffelmasse geben

Abwandlung:
Man kann vor dem Backen einige gekochte, geriebene Kartoffeln oder geriebenen Zwieback unter die Kartoffelmasse mischen, dadurch werden die Plätzchen lockerer.

Sauerkrautpuffer

1 kg geschälte Kartoffeln	reiben, etwas Wasser abnehmen
250 g Sauerkraut, ausgedrückt	geschnitten dazu, gut untermischen
1 Essl. Mehl 2 Essl. Hafer-flocken	unterrühren
2 Eier 125 g Schmand oder Sahne 1½ Teel. Salz etwas Pfeffer	dazu, gut verrühren
Öl	in der Pfanne erhitzen
	die Masse esslöffel-weise dazu, zu Plätzchen platt drücken, von beiden Seiten knusperig braun braten

Lippischer Pickert

3	dicke geschälte Kartoffeln (ca. 800 g)	reiben, in eine Backschüssel geben
500 g 2	Mehl Teel. Salz	vermischt dazu
1 $\frac{1}{4}$ l	Würfel Frische Hefe (42 g) lauwarme Milch	verrühren, dazu, alles zusammen zu einem Teig verarbeiten
6-8	Eier	einzeln unterrühren
250 g	Rosinen	dazu, unter den Teig rühren
		warm stellen, 80-90 Min. aufgehen lassen
	Öl (ohne Eigengeschmack, z.B. Distelöl)	in einer Pfanne erhitzen, Pickert in gewünschter Größe langsam von beiden Seiten backen

Anmerkung:
Bei 2 Essl. Teig pro Pickert ergibt es ca. 25 Stück.
Pickert wird mit Butter, Marmelade und Rübenkraut serviert.

Kartoffel-Gratin

1 kg Kartoffeln	schälen, waschen, in dünne Scheiben schneiden
300 g mittelalter Goudakäse	raspeln
	Kartoffeln und Käse in eine flache, ausgefettete Gratinform schichten
Salz Pfeffer	und würzen
250 g Sahne 125 g Crème double	verrühren
Salz wenig Pfeffer	die Sahnecreme gut abschmecken und über die geschichteten Kartoffeln gießen
	im vorgeheizten Backofen bei 180°C ca. 50–60 Min. überbacken, die ersten 30 Min. abdecken

Gratin von gekochten Kartoffeln

1 kg Pellkartoffeln ○ 2 Zwiebeln □	mischen und in eine gefettete Auflaufform geben
400 g Sahne Salz Pfeffer	verrühren, abschmecken
1 Ei	dazu, alles über die Kartoffeln gießen
200 g Goudakäse, mittelalt	reiben, auf den Auflauf streuen
	im vorgeheizten Backofen bei 200°C unabgedeckt ca. 30–40 Min. überbacken

Kartoffel-Kürbis-Gratin

2–3 Pers.

2 Zwiebeln □	in eine gefettete Auflaufform streuen
200 g geschälte Kartoffeln	fein hobeln, auf die Zwiebeln geben
200 g Kürbisfleisch	in feine Streifen schneiden, über die Kartoffeln streuen
200 g Sahne 50 g Crème fraîche Salz Pfeffer ½ Knoblauchzehe, gepresst Kräuter	verrühren, abschmecken, über den Auflauf gießen
	im vorgeheizten Backofen bei 180 °C ca. 50 Min. garen

Kartoffelauflauf

1½ kg Pellkartoffeln	schälen, in Scheiben schneiden
500 g mittelalter Goudakäse	raspeln oder in kleine Würfel schneiden
	Kartoffeln und Käse in eine gefettete Auflaufform schichten
500 g Sahne Salz Pfeffer	verrühren, gut abschmecken, über den Auflauf gießen
20 g Butterflöckchen	darauf
	abgedeckt im vorgeheizten Backofen bei 190 °C 25 Min. überbacken, unabgedeckt weitere 15–20 Min. goldbraun überbacken

Abwandlung:

2-3 Zwiebeln O	Zwiebelringe mit den Kartoffeln und dem Käse schichten

Soßen
Dips

Spagettisoße

4	Essl. Olivenöl	erhitzen
500 g	Rindergehacktes	dazu, anbraten
3	Zwiebeln □	dazu, schmoren lassen
½ l 4-5 3-4	Wasser Essl. Tomatenmark Paprika □ (grün, rot, gelb)	dazu, einmal aufkochen
   1 1	Salz Pfeffer Paprikapulver Essl. Oregano Essl. Majoran	würzen
		10 Min. leicht köcheln lassen
1-2	Essl. Crème fraîche	dazu
		abschmecken, anrichten

Tomatensoße

300	g Tomatensaft	
100	g Olivenöl, kaltgepresst	
1	Zwiebel □	zusammen mit einem Mixstab oder in einem Mixer zu einer Tomatensoße verarbeiten
1-2	Knoblauchzehen □	
1	Essl. scharfer Senf	
1	Gewürzgurke □	
3-4	Essl. Weinessig	
	etwas Salz	
	etwas Pfeffer	
	etwas Zucker	
2	Essl. Schmand	unterrühren
		abschmecken

Grillfleischsoße

2	Becher saure Sahne	
6	Essl. Tomatenketschup	
2	Essl. Weißwein	verrühren
2	Essl. Weinbrand	
3	Teel. ger. Meerrettich aus dem Glas	
	Schnittlauchröllchen	
	Estragon, gerebelt	dazu, abschmecken
	Salz	
	Pfeffer	

Förstersoße

60 g	durchwachsener, geräucherter Bauchspeck □	auslassen
1	Essl. Butter	dazu
200 g	Pfifferlinge	dazu, anbraten, herausnehmen
2–3	Zwiebeln □	in dem Fett glasig dünsten
40 g	Mehl	dazu, unter Rühren anrösten (nicht zu dunkel)
½ l	Fleischbrühe	ablöschen, die Soße sämig kochen, die Pfifferlinge dazu
	Salz Pfeffer Paprikapulver etwas Zucker	abschmecken
3	Essl. saure Sahne etwas Sherry	
		die Förstersoße schmeckt zu jedem Fleisch, besonders zu Wild

Pilzragout

150 g durchwachsener, geräucherter Bauchspeck □	kurz anbraten
3–5 Zwiebeln □	dazu, glasig dünsten
2 gehäufte Essl. Mehl	darüber stäuben, kurz anschwitzen
½ l Brühe (Instant)	erhitzen
4 g Steinpilze, getrocknet	gut abbrausen, in der Brühe 15 Min. quellen lassen, zum Bauchspeck geben
500 g frische Champignons	geputzt, gewaschen und halbiert zugeben
1 Glas Pfifferlinge (ca. 350 g)	ohne Flüssigkeit dazu
	alles 15–20 Min. köcheln lassen
200 g Sahne 150 g Crème fraîche	dazu, einmal aufkochen lassen
Salz Pfeffer etwas Zucker	abschmecken
1 Bund Schnittlauch	waschen, in Röllchen schneiden, über das angerichtete Pilzragout streuen

Dazu passen Spätzle!

Roquefortsoße

100 g	Roquefortkäse	mit der Gabel zerdrücken
200 g	Joghurt 0,1 % Fett	dazu, glatt rühren
5–6	Essl. Sahne	
1	Essl. Rotweinessig Salz Pfeffer etwas Zucker	dazu, abschmecken
2–3	Essl. Gartenkresse	dazu
75 g	Walnusskerne, grob gehackt	
		nach 1 Std. nochmals abschmecken

Grillsoße

2	Becher Crème fraîche	verrühren
5	Essl. Curryketchup	
1	kl. Zwiebel □	
1	Knoblauchzehe □	
2–3	Essl. Weinbrand	
3–4	Teel. ger. Meerrettich aus dem Glas	
	Salz Pfeffer Petersilie, gehackt Schnittlauchröllchen Estragon	dazu, abschmecken

Feine Meerrettich-Soße

1	Tasse Majonäse	alle Zutaten gut miteinander verrühren, abschmecken
4	Teel. geriebenen Meerrettich	
4	Essl. Apfelmus	
2	Essl. Sahne	
1/2	Teel. Zucker	
2-3	Teel. Zitronensaft	
	wenig Salz	

Curry-Mandel-Soße

1 1/2	Tassen Majonäse	gut verrühren
4	Essl. Sahne	
4-6	Essl. Mandarinensaft	
1	gestr. Teel. Currypulver	
3-4	Teel. Zitronensaft	
1/2	Teel. Zucker	
6	Essl. geriebene Mandeln	
	wenig Salz	
1/2	Tasse Mandarinenspalten aus der Dose klein □	unter die Curry-Majonäse mischen, abschmecken

Apfel-Curry-Soße

4	Essl. Quark gestr. Teel. Currypulver	gut verrühren
1	gestr. Teel. Currypulver	
1	gestr. Teel. Zucker	
2	Essl. Zitronensaft wenig Salz	
3	mittelgr. Äpfel	schälen, entkernen, raspeln, dazu, gut vermischen

Fruchtige Tomaten-Soße

3	Essl. Majonäse	gut verrühren
1/2	Dose Tomatensuppe für 2 Pers.	
3	Essl. Sahne	
2	Essl. Tomatenketschup	
1	gestr. Teel. Paprikapulver, edelsüß wenig Salz	die Soße abschmecken
1	Pr. Selleriesalz	
1	Pr. Knoblauchpulver	

Kräutersoße

1 kleines Glas Miracel Whip Balance 15% Fett (250 ml) 1–2 Knoblauchzehen, gepresst Salz Pfeffer 1 P. TK Kräuter der Provence	zusammen verrühren
250 g Sahne	steif schlagen, dazu, unterrühren, abschmecken

Kräuter-Knoblauch-Dip

500 g Kräuterquark 200 g Crème fraîche 200 g Sahneschmelzkäse 2–3 Knoblauchzehen, gepresst	verrühren
Salz Pfeffer	abschmecken

Kräuter - Dip

1	Essl. Miracel Whip Balance, 15% Fett	verrühren
2-3	Essl. Naturjoghurt, 0,1% Fett	
1 P.	TK 8 Kräuter	
1/2	Zwiebel □	nach Wunsch dazu
1/2	Teel. Senf, mittelscharf	

Dip mit Lauchzwiebeln

200 g	Kräuterfrischkäse	verrühren
100 g	Crème fraîche	
	etwas Milch	
	Salz	abschmecken
	Pfeffer	
	Senf, mittelscharf	
2	Stg. Lauchzwiebeln ○	dazu

Zaziki

250 g 150 g	Quark Naturjoghurt	verrühren
	Salz Pfeffer	kräftig würzen
1	Gurke	schälen, entkernen, raspeln, fest ausdrücken, dazu
4–6	Knoblauchzehen	pressen, dazu
		alles gut mit dem Quark-Joghurt verrühren
	Salz Pfeffer etwas Zucker	abschmecken
2	Essl. Sahne	nach Wunsch dazu

Joghurt – Salatsoße

250 ml 1 1 P.	Naturjoghurt 0,1% Fett Teel. Kräuter-Crème fraîche Salatkrönung von Knorr, würzige Gartenkräuter	verrühren
		den gewünschten Salat unterheben

Kräutermajonäse

2	Tassen Majonäse	
1	Tasse kleingeschnittene, gemischte Kräuter:	
	Petersilie	
	Schnittlauch	
	Kerbel	alles gut miteinander verrühren
	Estragon	
	Dill	
	Kresse	
	oder	
1	Päckchen TK 8 Kräuter	
2 -3	Teel. Zitronensaft	
1	Messerspitze Zucker	
	etwas Salz	
	etwas Pfeffer	
		nach 1 Std. abschmecken

Eintöpfe

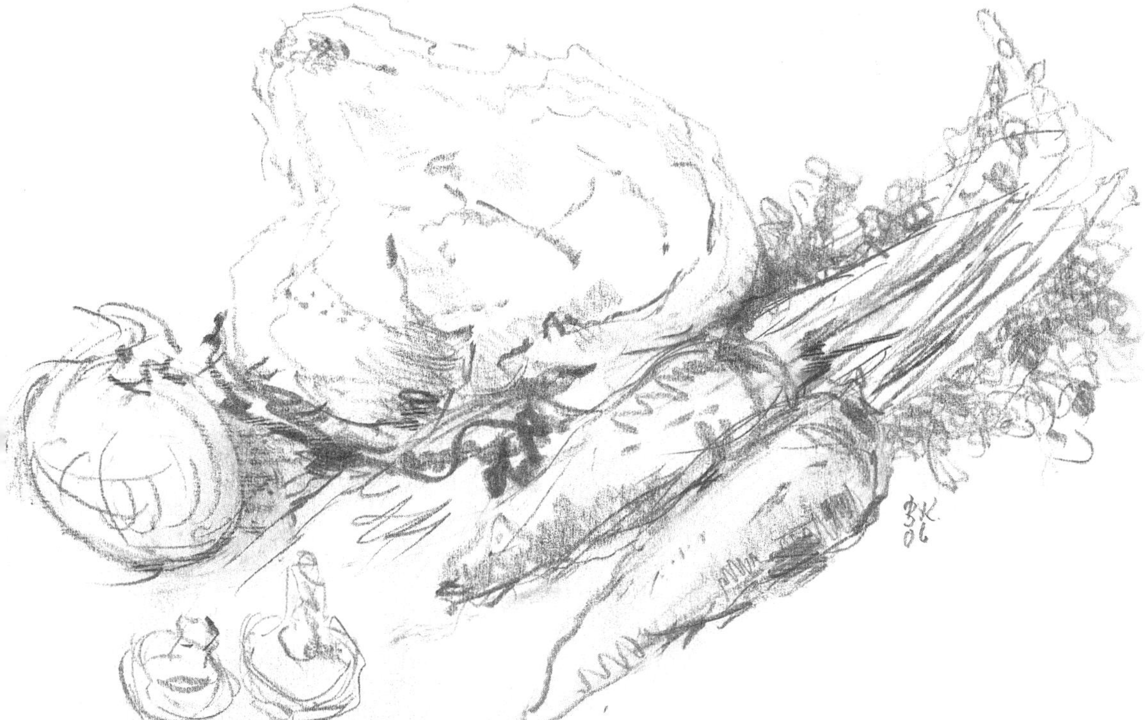

Gemüsetopf mit Mettbällchen

Mettbällchen: 500 g Mett 1 Brötchen 1 Ei 1 Zwiebel Salz, Pfeffer	einen pikanten Fleischteig herstellen, kleine Bällchen formen
30 g Butterschmalz (Butaris)	erhitzen, die Mettbällchen gut anbraten, zur Seite stellen
Gemüse: 3 Essl. Olivenöl	erhitzen
2-3 Zwiebeln □ 1-2 Knoblauchzehen □	dazu, kurz anschmoren
3 Paprika □ (rot, gelb, grün) 1 Zucchini □	dazu, 3 Min. schmoren lassen
2-3 Tomaten □	dazu
¼ l Gemüsebrüke, Instant	dazu, das Gemüse bissfest garen
	die Mettbällchen unter das Gemüse heben
Salz, Pfeffer Paprika Tomatenketschup wenig Sambal Oelek oder Tescicana Salsa von Maggi	abschmecken
Fisc-Soßenbinder, dunkel	leicht binden

Fleisch-Gemüse-Eintopf

1 kg Rindfleisch	in 5 cm gr. St. schneiden
Marinade: 3 Essl. Olivenöl ½ l Weißwein 3-4 Knoblauchzehen □	verrühren
Salz, Pfeffer Thymian	würzen

Die Marinade über das Fleisch gießen und ca. 12 Std. zugedeckt kalt stellen.

250 g durchwachsener, geräucherter Bauchspeck	in kl. Scheiben schneiden
400 g Tomaten	häuten, entkernen, in Scheiben schneiden
5 Möhren 2 Zwiebeln	putzen, in Scheiben schneiden
100 g schwarze Oliven	entkernen
2 Essl. Schnittlauch 2 Essl. geh. Petersilie	vermischen

Das Fleisch aus der Marinade nehmen. Mit den übrigen Zutaten in eine Auflaufform schichten.

Salz, Pfeffer Rosmarin Majoran	jede Schicht damit bestreuen

Die Marinade über den Eintopf gießen.
Im Backofen bei 190°C ca. 2 ½ Std. garen.

geh. Petersilie	den Fleisch-Gemüse-Eintopf vor dem Servieren bestreuen

Beilagen: Salat, Nudeln oder Kartoffeln

Möhren-Kartoffeleintopf mit Filet

4	Essl. Olivenöl	erhitzen
500 g	Schweinefilet (Schweinelende) klein □	dazu, kräftig anbraten
3	Zwiebeln □	dazu, kurz anbraten
$\frac{1}{2}$ l	Gemüsebrühe (Instant)	dazu
	Salz Pfeffer	würzen
1 kg 500 g	Kartoffeln, geschält □ Möhren, geschält □	dazu
		ca. 30 Min. leicht köcheln lassen
	Salz Pfeffer Fondor	abschmecken
3-4	Essl. gehackte Petersilie	vor dem Servieren dazu

Anmerkung:
Statt Schweinelende kann auch anderes mageres Schweinefleisch verwandt werden.

Holländischer Möhreneintopf

2	Essl. Olivenöl	erhitzen
40 g	Butter	
500 g	Zwiebeln ○	dazu, kurz glasig dünsten
4	Räucherendchen oder Krakauer ○	dazu
500 g	Möhren □	
500 g	Kartoffeln □	
2	Teel. gekörnte Brühe	auf den Eintopf streuen
1	gestr. Teel. Salz	
	etwas Pfeffer	
½ l	Wasser (knapp)	dazu
		zugedeckt 30 Min. garen
	Salz Pfeffer etwas Fondor	vor dem Anrichten abschmecken
		nach Wunsch etwas zerstampfen

Schneller Wirsingeintopf

3–4	Räucherendchen ○	in einen Topf geben
5–8 2–3	Kartoffeln □ Zwiebeln □	dazu
1 kg	Wirsing oder Spitzkohl	putzen, waschen, großzügig in Streifen schneiden, dazu
½ l 1	Wasser Gemüsebrühwürfel Salz Pfeffer etwas Kümmel	über den Wirsing geben, einmal aufkochen, 35 Min. köcheln lassen
		vor dem Anrichten alles einmal durchheben und abschmecken

Weißkohleintopf

150 g	durchwachsener, geräucherter Bauchspeck □	in einem großen Topf auslassen
2	Zwiebeln □	dazu, glasig dünsten
350 g	Hackfleisch, gemischt	dazu, krümelig braten
	Salz Pfeffer	würzen
800 g	Weißkohl	putzen, waschen, fein schneiden und in den Topf geben
½ l 1	Wasser Gemüsebrüh-würfel	dazu, 5 Min. köcheln lassen
500 g	Kartoffeln ○	auf den Kohl legen, 20 Min. weiter garen
		vorsichtig vermengen
	Salz Pfeffer Fondor	abschmecken

Chinakohltopf mit Lammfleisch

1	Essl. Butter	in einem großen Schmortopf auslassen
500 g	Lammfleisch aus der Keule □	
600 g	Chinakohl in Streifen schneiden	alles lagenweise im Schmortopf aufschichten
400 g	mehlig kochende Kartoffeln □	
1	Gemüsezwiebel □	
2 - 3	Knoblauchzehen □	
Gewürze:		
2	Essl. gehackte Petersilie	dabei jede Schicht mit den Gewürzen bestreuen
	schwarzer Pfeffer	
1	Essl. Kümmel	
	Salz	
½ l	Rindfleisch-brühe	den Eintopf begießen, bei starker Hitze zum Kochen bringen, bei schwacher Hitze 1 Std. köcheln lassen, dabei nicht umrühren

Abwandlung:
Chinakohl lässt sich gut durch Wirsing oder Weißkohl ersetzen und Lammfleisch durch Nackenbraten.

Himmel und Erde

1 kg	mehlig kochende Kartoffeln □	zusammen in einen Topf geben, garen, grob stampfen
1 kg	mürbe Äpfel □ (Boskop)	
1	Teel. Salz	
$\frac{1}{2}$	Kaffeetasse Wasser	
1–2	Teel. Zucker	abschmecken
	Salz	
1–2	Teel. Zitronensaft	
Speck mit Zwiebeln:		
250 g	fetten Speck □ oder	auslassen
250 g	durchwachsener, geräucherter Bauchspeck □	
8–10	Zwiebeln ○	dazu, goldgelb braten
	Salz	würzen
		über die angerichtete Himmel und Erde geben

Beilage:
Blutwurst, gebraten

Anmerkung:
Himmel und Erde kann nach Bedarf mit Kartoffelflocken (Maggi) gebunden werden.
Zu Speck mit Zwiebeln kann auch Speck und Bauchspeck zusammen verwandt werden.

Linseneintopf

250 g Linsen	waschen, mit $\frac{1}{2}$ l Wasser einmal aufkochen, 6 Std. quellen lassen
4-6 geräucherte Mettwürstchen ○	unten in den Schnellkochtopf geben
2 Zwiebeln □ 2-3 Möhren □ $\frac{1}{4}$ Sellerieknolle □ 2 Stg. Porree ⊖ 5 Kartoffeln □	in den Schnellkochtopf füllen
	jetzt erst die Linsen mit der Flüssigkeit dazu
1 kl. Döschen Tomatenmark 1 Teel. Salz 1-2 Lorbeerblätter 1 l Wasser 1 Gemüsebrühwürfel	dazu, den Schnellkochtopf schließen
	kochen, bis Wasserdampf entweicht, den Schieber auf die 2. Stufe drücken, die Kochstelle klein stellen, 15 Min. garen lassen, abkühlen, den Schnellkochtopf öffnen, abschmecken

Bunter Reistopf

3	Eßl. Öl	erhitzen
2 200 g	Zwiebeln □ Langkornreis	zufügen, verrühren und so lange dünsten, bis er rundum von einem Ölfilm überzogen ist
500 g $\frac{3}{4}$ l 2 $1\frac{1}{2}$ 15	Fleischwurst □ Wasser Brühwürfel (Fette Brühe von Maggi) Teel. Curry Eßl. Ananassaft	sofort alles dazu, aufkochen, gut zudecken, 15 Min. ziehen lassen. (Drahtuntersatz)
1 300 g	gr. Dose Ananas □ Tiefkühlerbsen	dazu, zugedeckt 10 Minuten ziehen lassen
		Ananas und Erbsen vorsichtig unterheben
	Petersilie, gehackt	nach Wunsch als Garnierung

Anmerkung:
Der Drahtuntersatz verhindert das Anbrennen. Durch längeres Warmhalten verlieren die Erbsen ihre schöne grüne Farbe.

Serbisches Reisfleisch

1	Essl. Olivenöl	erhitzen
100 g 200 g	durchwachsener, geräucherter Bauchspeck □ Kassler □	dazu, anbraten
3–4 2 1 2 1/4 1 2–3	Zwiebeln ○ Paprika, grün und rot □ Essl. gekörnte Brühe Essl. Ketschup Teel. Oregano Knoblauchzehe, gepresst Tassen Wasser	dazu, einmal aufkochen
	Salz Pfeffer Paprikapulver	kräftig abschmecken
2	Tassen Lang- kornreis	gewaschen dazu
		zugedeckt 20 Min. garen, nochmals abschmecken
100 g	Käse □	unterheben, anrichten

Griechischer Hähnchentopf

2	Essl. Olivenöl	eine große Auflaufform einfetten
4–6	Hähnchenschenkel oder Hähnchenbrüste	säubern, trocknen, evtl. etwas Fett entfernen
	Salz, Pfeffer Paprikapulver	ordentlich würzen, in die Mitte der Auflaufform legen
1 kg 3	Kartoffeln, groß □ Knoblauchzehen □	um das Fleisch verteilen
6–8	Tomaten	häuten, vierteln, auf die Kartoffeln geben
1 2–3	Tasse Wasser Zitronen, auspressen	vermischen, über die Kartoffeln und Tomaten gießen
	Salz, Pfeffer Paprikapulver	die Kartoffeln und die Tomaten nochmals gut würzen
		im vorgeheizten Backofen bei 200 °C nicht zugedeckt ca. 90 Min. garen, der Auflauf sollte schön braun werden
Abwandlung:		
1 1	rote Paprika □ grüne Paprika □	mit den Kartoffeln dazu

Statt Hähnchenfleisch können auch Rippchen verwandt werden.

Bigoschtopf

6–8 Pers.

50 g	Butterschmalz	erhitzen
1 ½ kg	Gulasch, gemischt	dazu, scharf anbraten
	Salz Pfeffer	würzen
2–3	Zwiebeln ○	dazu, kurz anschmoren
1	gr. Dose Weinsauerkraut	zerpflücken, dazu
1 4 2	Ring Fleischwurst □ Mettwürstchen ○ Dosen Tomatensuppe	dazu
		den Bräter zugedeckt im vorgeheizten Backofen bei 200° C ca. 70 Min. garen

Beilage: Kartoffelpüree

Anmerkung:
Die Sauerkrautmenge kann nach Wunsch erhöht werden.

Bigosch

6-8 Pers.

3 Essl. Öl 1 kg Nacken oder Schulter vom Schwein	anbraten
5 gr. Zwiebeln □	dazu, goldgelb anbraten
1/4 l Wasser 1 Teel. Salz etwas Pfeffer	dazu, das Fleisch garen
etwas Mehl	die Soße binden
200 g durchwachsener, geräucherter Bauchspeck 300 g Mettenden 1 kg Sauerkraut 1/4 l Wasser	zusammen 30 Min. köcheln lassen
1 kg Weißkohl	schneiden
2 Möhren □ 8 Körner Piment 3 Lorbeerblätter 1/4 l Wasser	mit dem Weißkohl 25 Min. köcheln lassen
	das gegarte Fleisch, den Speck, die Wurst in Würfel schneiden und mit allen Zutaten mischen
Salz, Pfeffer Tomatenmark etwas Maggi etwas Zucker	gut abschmecken

Dazu wird Kartoffelbrei gereicht!

Schnelle Gemüsepfanne

2-3 Pers.

2	Essl. Olivenöl	in einer großen Pfanne erhitzen
2-3	Portionen gewürztes Grillbauchfleisch	in Streifen schneiden, dazu, braun braten
1 1-2 3 1 2 1-2	Kohlrabi Möhren Paprika (rot, grün, gelb) kl. Gemüsezwiebel Tomaten Kartoffeln nach Wunsch	putzen, waschen, großzügig in Würfel oder Streifen schneiden, dazu, 2 Min. zugedeckt schmoren lassen
¼ l ½	Wasser Würfel Kräuterlinge von Knorr	dazu, einmal aufkochen
	Salz Pfeffer tondor Kräuter der Provence	abschmecken, zugedeckt 8 Min. bissfest schmoren lassen
		nochmals abschmecken
100 g	Mozzarella □	unterheben und sofort anrichten
	frische, gehackte Kräuter	als Garnierung

Anmerkung:
Es kann jedes gewünschte Gemüse verwandt werden.

Weißkohlpfanne

6	Essl. Olivenöl	in einer großen Pfanne erhitzen
500 g	Rinderhack-fleisch	dazu, krümelig anbraten
3	Zwiebeln □	dazu, kurz anschmoren
¼ l	Wasser	dazu, aufkochen
6-8	Essl. Tomaten-ketschup	
	Salz Pfeffer Currypulver Paprikapulver Cayenne-Pfeffer	abschmecken
500 g	Weißkohl	fein geschnitten auf das Gehackte geben, zugedeckt ca. 15 Min. schmoren lassen, nochmals abschmecken

Bohnenpfanne

200 g	durchwachsener, geräucherter Bauchspeck □	kurz anbraten
4	Mettenden ○	dazu, scharf anbraten
1	gr. Dose grüne Brechbohnen	mit Saft darüber gießen
6–8 3–4	gr. Kartoffeln ○ Zwiebeln ○	vollständig damit bedecken
1/4 1	Teel. Pfeffer Teel. Bohnenkraut	darüber streuen
		Deckel auf die Pfanne, ca. 30 Min. bei milder Hitze garen lassen

Ganz wichtig: In der Pfanne servieren!

Abwandlung:
Falls mehr Bohnen gewünscht werden, eine kleine Dose Bohnen ohne Flüssigkeit dazugeben.

Landhauspfanne

400 g	Mett	kleine Bällchen formen
2	Essl. Öl	erhitzen, Mettbällchen anbraten
750 g	Pellkartoffeln ○	dazu, gut anbraten
3	Zwiebeln □	dazu, glasig werden lassen
2-3	Gewürzgurken □	unterheben
3 3 1/2 1/8	Eier Essl. Milch Teel. Salz wenig Pfeffer Teel. Paprika-pulver	alles gut verrühren, abschmecken, über die Kartoffeln gießen, stocken lassen
	etwas Schnittlauch, geschnitten	vor dem Servieren bestreuen

Ganz wichtig: In der Pfanne servieren!

Anmerkung:
Nach dem Zugeben der Gewürzgurken kann auch alles in eine feuerfeste Schüssel gefüllt werden. Das gut abgeschmeckte Rührei darüber gießen und in dem vorgeheizten Backofen stocken lassen.

Beilage: Grüner Salat

Asien-Pfanne

400 g Schweineschnitzel	in Streifen schneiden
4 Essl. Olivenöl	in einer Pfanne erhitzen, das Fleisch dazu, kurz anbraten
Salz Pfeffer	würzen
250 g Möhren □ 1-2 Stg. Porree ⊖ 400 g Champignons ○	dazu, kurz andünsten
½ l Gemüsebrühe (Instant) 4 Essl. Sojasoße 2-3 Teel. Currypulver	dazu, 10 Min. zugedeckt schmoren lassen
Fix-Soßenbinder, dunkel	binden
	abschmecken, anrichten
2 Essl. frische, geh. Petersilie	garnieren

Beilage: Langkornreis

Kartoffelpfanne mit Kassler

20 g Butaris (Butterschmalz) 1 Essl. Olivenöl	erhitzen
100 g Zwiebeln □ 300 g frische Champignons ○ 1 Stg. Porree ⊖	dazu, kurz anschmoren
Salz Pfeffer ½ Teel. Majoran	würzen
	das Gemüse bissfest schmoren, bis die Flüssigkeit eingekocht ist, warm stellen
30 g Butter 10 g Butaris	erhitzen
800 g gekochte Kartoffeln □	dazu, anbraten
400 g gegartes Kassler □	dazu und mitbraten
	das bissfeste Gemüse dazu, abschmecken
gehackte Petersilie	vor dem Servieren dazu

Beilage:
Kräuter - Dip
oder Crème fraîche mit frischen Kräutern

Tortilla mit Gemüse

4	Essl. Olivenöl	in der Pfanne erhitzen
5	kl. Kartoffeln ○	dazu, 20 Min. garen, nicht bräunen
2	Zwiebeln □	dazu
	Salz	würzen und ca. 10 Min. weiter garen
3	Essl. Olivenöl	in einem Topf erhitzen
3 2	Paprika, rot, gelb, grün (feine Streifen) Knoblauchzehen □	dazu, das Gemüse unter Rühren kurz andünsten
2	Essl. schwarze entkernte Oliven ○	dazu
2	Fleischtomaten	häuten, entkernen, groß □, dazu
 ½	Salz, Pfeffer Teel. Thymian	das Gemüse würzen
5–6	Eier	schaumig schlagen, die garen Kartoffeln dazu, mischen
5	Essl. Olivenöl	in einer Pfanne erhitzen, die Kartoffelmasse dazu, flach verteilen, das Gemüse gleichmäßig darauf geben und alles langsam stocken lassen, einmal wenden, goldgelb braten
	frische Kräuter	bestreuen, anrichten

Mehl- und Eierspeisen

Mehlpfannkuchen

5–6 Stück

300 g	Mehl	in eine Rührschüssel geben, gut vermischen
½	gestr. Teel. Backpulver	
130 g	Zucker	
½	P. Vanillezucker	
1	Prise Salz	
	Milch	nach und nach dazu, der Teig muss dickflüssig werden
3	Eier	dazu, den Teig glatt rühren
	Öl	Mehlpfannkuchen backen

Abwandlung:

Apfelmehlpfannkuchen

2–3 Äpfel, grob gerieben	unter den Teig heben
	den Teig sofort verbacken

Mehlpfannkuchen (Eierkuchen)

200 g Mehl 1/2 Teel. Backpulver	in eine Schüssel sieben
1/4 l Milch 4 Eier 75 g Zucker 1/2 P. Vanillezucker 1/4 Teel. Salz	verquirlen, langsam unter Rühren zu dem Mehl geben
1/8 l Milch oder mehr	nach und nach dazu, der Teig muss dickflüssig und glatt werden
Öl zum Backen	Mehlpfannkuchenteig in eine Pfanne mit heißem Fett geben und von beiden Seiten gleichmäßig backen

Anmerkung:
Zur Lockerung des Teiges kann das Eiweiß als Schnee leicht mit der Masse vermischt werden, dann entfällt das Backpulver.

Abwandlung:
Apfelmehlpfannkuchen

500 g Äpfel, dünne O	beim Backen auf den Teig legen, etwas Teig über die Apfelscheiben füllen

Man kann auch die Apfelmehlpfannkuchen als kleine Apfelplätzchen backen. Die Äpfel werden dann kleiner geschnitten und in den Teig gemischt.

Kleine Apfelmehlpfannkuchen

100 g Mehl 50 g Zucker 1/4 P. gerr. Zitronenschale 1 Prise Salz	in einer Rührschüssel vermischen
1/8 l Milch	nach und nach dazu, den Teig glatt rühren
2 Eier	einzeln unterrühren
2 Äpfel (Boskop)	reiben und unter den Teig heben
Milch nach Bedarf	dazu, der Teig muss dickflüssig wörden
Öl	kleine Apfelmehlpfannkuchen backen
Zimt, Zucker	nach Wunsch bestreuen

Anmerkung:
Die Teigmenge ergibt 12 kleine oder 3 große Apfelmehlpfannkuchen.

Quarkpfannkuchen

250 g Quark 20 g Zucker 2 Eigelb 1 gestr. Teel. Salz	verrühren
250 g Mehl	nach und nach dazu
½ l Milch	zu einem dickflüssigen Teig verrühren
2 Eiweiß	steif schlagen, leicht mit der Masse vermischen
Öl, kalt gepresst	in der Pfanne erhitzen, Quarkpfannkuchen von beiden Seiten gleichmäßig backen

Beigabe: Obst, Salat oder Gemüse

Anmerkung:
Pfannkuchen oder Palatschinken werden besonders zart, wenn der angerührte Teig vor dem Ausbacken 20 - 30 Min. ruht.

Am besten lassen sich Eierkuchen in einer kunststoffbeschichteten Pfanne bereiten. Darin kann man äußerst sparsam mit Fett umgehen, ohne dass die Pfannkuchen anbacken.
Man arbeitet mit mittlerer Hitze, damit der Teig sofort stockt, aber nicht anbrennt.

Tomaten-Speck-Pfannkuchen

Füllung:	
1 Essl. Öl	in der Pfanne erhitzen
125 g durchwachsener, geräucherter Bauchspeck □	dazu, ausbraten
400 g Champignons ○	dazu, kurz mitbraten
1 Bund Frühlingszwiebeln ○	dazu, 2 Min. glasig dünsten
750 g Tomaten	Stielansatz entfernen, sechsteln, dazu, kurz erhitzen
Salz Pfeffer	die Füllung würzen, warm stellen
Pfannkuchenteig:	
100 g Mehl ¼ l Milch	verrühren
Salz Pfeffer	abschmecken
4 Eier	einzeln unterrühren
4 Essl. Öl 100 g durchwachsener, geräucherter Bauchspeck □	in jeweils 1 Essl. Öl und 25 g Bauchspeck vier Pfannkuchen braten, jeden Pfannkuchen mit ¼ der heißen Füllung belegen und einmal überklappen, sofort servieren

Pfannkuchenauflauf

3 Pers.

150 g Mehl, ½ Teel. Salz	in eine Schüssel geben
200 ml Milch 125 ml Mineralwasser	nach und nach dazu
3 Eier	einzeln unterrühren
Butterschmalz	3 Mehlpfannkuchen (25 cm ⌀) backen
Füllung:	
1 Essl. Olivenöl	erhitzen
400 g Mett	dazu, krümelig anbraten
125 g Zwiebeln □	dazu, kurz schmoren lassen
200 g Schmand 1 gestr. Teel. Thymian	dazu, 3 Min. köcheln lassen
Salz, Pfeffer Cayenne-Pfeffer	pikant abschmecken
	die abgekühlte Füllung auf die Pfannkuchen geben, aufrollen und in 4-5 cm lange Stücke schneiden, in eine vorbereitete Auflaufform setzen
Guss:	
200 g Sahne, 3 Eier	verrühren
Salz, Paprikapulver	abschmecken
	auf den Auflauf gießen
Belag:	
100 g Goudakäse □	über den Guss streuen
	zugedeckt im vorgeheizten Backofen bei 180°C ca. 30 Min. überbacken

Beilage: Salat, Baguette

Salate

Möhrenrohkostsalat

350 g	Möhren	säubern und raspeln
2–3	Äpfel	
6–8	Essl. Joghurt, mild	dazu, abschmecken
1	Zitrone (Saft)	
	Zucker nach Geschmack	

Sauerkraut-Ananassalat

1	kleine Dose Sauerkraut	fest ausdrücken, auseinander zupfen
1	mittelgroße Dose Ananas ☐	dazu
250 g	Sahne	darunter mischen

Grüner Salat

1	Kopf Salat	verlesen, waschen, gut abtropfen lassen
Salatsoße:		
8	Essl. Sahne	verrühren, abschmecken
4	Essl. Dickmilch	
1–1½	Essl. Zucker	
1	Zitrone (Saft)	
	Salz	
	Pfeffer	
1	kleine Zwiebel ☐ nach Wunsch	
		den Salat kurz vor der Mahlzeit vorsichtig unter die Salatsoße heben, anrichten

Chinakohlsalat

1	Chinakohl	waschen, fein schneiden, Wasser abtropfen lassen
1	Becher Sahne	fast steif schlagen
1 4 1 3 – 6 1 1/8	Zitrone (Saft) Tropfen Essig Essl. Zucker Tropfen Natreen kl. Zwiebel, fein □ Teel. Salz etwas Pfeffer	zur Sahne geben, gut abschmecken
		kurz vor der Mahlzeit anrichten
Abwandlung: 1/2 5 10	 Becher Sahne Essl. Joghurt, mild oder nur Essl. Joghurt, mild	
Verfeinerung:	Mandarinen Weintrauben Bananen	nach Wunsch auf den Salat geben oder unterheben

Eisbergsalat mit Parmesankäse

½–1 Kopf Eisbergsalat	putzen, zerpflücken, waschen, gut abtropfen lassen, großzügig in Streifen schneiden
Salatsoße: 2 P. Salatkrönung von Knorr, würzige Gartenkräuter; 6 Essl. Wasser; 6 Essl. kaltgepresstes Olivenöl	verrühren
	die Salatsoße mit dem Eisbergsalat vermengen, in eine große Glasschüssel geben
Parmesankäse am Stück	reichlich über den Salat reiben

Abwandlung:
Vor dem Bestreuen mit dem Parmesankäse können auch 2–3 Bananen in Scheiben geschnitten oder kernlose Weintrauben unter den Salat gemischt werden.

Anmerkung:
Den Salat erst vor dem Verzehr mit der Salatsoße vermischen und mit dem Käse bestreuen.

Feldsalat mit Speck

2	Essl. Olivenöl	in der Pfanne erhitzen
100 g	durchwachsener, geräucherter Bauchspeck □	dazu, unter Rühren knusprig braten
2	Zwiebeln □	dazu, kurz anbraten, kalt stellen
350 g	Feldsalat	putzen, waschen, abtropfen lassen
Salatsoße: 6-8	Essl. Zitronensaft Salz Pfeffer (frisch gem.)	verrühren
1	Prise Zucker	
		den abgekühlten Speck mit der Salatsoße verrühren, abschmecken, vor dem Verzehr den Salat locker mit der Speck-Zwiebel-Salatsoße mischen
2	Eier, hart gekocht	klein würfeln, über den angerichteten Salat streuen
3	Essl. Schnittlauchröllchen	darüber geben
Abwandlung: 250 g	Feldsalat	
1	Staude Schikoree	statt 350 g Feldsalat

Schikoreesalat mit Mandarinen

3	Stauden Schikoree	putzen, waschen, den bitteren Kern, falls erforderlich, keilförmig heraus schneiden, fein schneiden
Salatsoße:		
$\frac{1}{8}$ l	Sahne	
	etwas Joghurt, natur	verrühren,
6–8	Essl. Zitronensaft	abschmecken
1	Essl. Zucker	
	Salz	
	Pfeffer	
1	kl. Zwiebel ◻	
1	kl. Dose Mandarinen	gut abgetropft unter die Salatsoße heben, den geschnittenen Schikoree erst kurz vor dem Verzehr mit der Soße vermischen

Abwandlung:
Statt Mandarinen kann auch anderes Obst verwandt werden.

Schikoree mit Currysoße

3 mittelgroße Schikoree	die Blätter ablösen, waschen und gut abtropfen lassen
150 g Zuckerschoten	die Enden abknipsen, in kochendem Salzwasser 3 Min. blanchieren, kalt werden lassen
Salatsoße: 4 Essl. Majonäse 2 Essl. Naturjoghurt 1 Essl. Currypulver 4 Essl. Zitronensaft 5 Essl. Orangensaft 1 Spritzer Tabasco Salz frisch gem. Pfeffer	verrühren, abschmecken
1 reife Mango □ 1 Banane □	unter die Salatsoße heben
	die Schikoreeblätter mit den Zuckerschoten sternförmig auf einem großen Teller anrichten, die Salatsoße in die Mitte darüber geben
50 g gehackte Pistazien 1 Teel. Koriandergewürz	die Salatsoße bestreuen

Anmerkung: Der Salat lässt sich auch mit Krabben oder gebratenem Hähnchenfleisch anreichern.

Rucola - Pilz - Salat

300 g Rucola	putzen, waschen, abtropfen lassen, in eine Glasschüssel füllen
4 Essl. Olivenöl	erhitzen
2 Zwiebeln □ 1 Knoblauchzehe, klein □	dazu, kurz anschmoren
300 g frische Champignons ○	dazu, schmoren lassen
6-8 Essl. Zitronensaft	dazu, die Pfanne von der Herdplatte nehmen
1 Zwiebel □ Salz Pfeffer	dazu, abschmecken
	die Champignon-Soße abkühlen lassen, vor dem Verzehr über den Salat gießen, vorsichtig vermischen
Parmesankäse	mit einem Spargelschäler blätterig über den Salat hobeln
Croutons	über den Rucola-Pilz-Salat streuen

Bunter Salat

2-3	Möhren	putzen und sehr klein würfeln
1	Salatgurke	
1	rote Paprika	
1	gelbe Paprika	
1	grüne Paprika	
1	kleine Dose Mais	gut abgetropft dazu
Marinade:		verrühren
4	Essl. Wasser	
3	Essl. Öl	
5-6	Essl. Essig	
$\frac{1}{2}$	Teel. Salz	
	etwas Pfeffer	
$\frac{1}{2}$	Teel. Zucker	
1-2	Zwiebeln	lang schneiden
		die Marinade mit den Salatzutaten und den Zwiebeln vermengen, etwa 30 Min. im Kühlschrank durchziehen lassen, abschmecken und anrichten

Anmerkung:
Geschälter Paprika ist verträglicher.
Drei bis vier klein geschnittene Lauchzwiebeln geben dem Salat einen kräftigeren Geschmack.

Bauernsalat

1	grüne Paprika	putzen,
1	rote Paprika	in Streifen schneiden
1	Salatgurke	putzen, entkernen,
5	feste Tomaten	würfeln,
		dazu
200 g	Weißkohl	sehr fein schaben,
		dazu
1	Zwiebel	
1	rote Zwiebel	längs schneiden,
1	weiße Zwiebel	dazu
2	Essl. Dill, frisch geschnitten	
2	Essl. Petersilie, gehackt	dazu
Marinade:		
6	Essl. Olivenöl	
6–8	Essl. Essig Balsamico Bianco	verrühren,
3	Essl. Salatfix Dressing v. Kühne (Kräuterwürzig ohne Öl)	über den geschnittenen Salat geben, gut vermengen, abschmecken
½–1	Teel. Salz	
	Pfeffer, frisch gem.	
½–1	Teel. Zucker	
200 g	Schafskäse, mild oder pikant	dazu, vorsichtig unterheben, 1–2 Std. ziehen lassen, nochmals abschmecken

Roter Bohnensalat

1	gr. Dose rote Bohnen	abgetropft in eine Schüssel geben
1	mittelgr. Dose Mais	
1	Bund Frühlingszwiebeln ○	dazu
200 g	Goudakäse □ oder Edamerkäse □	
Salatsoße:		
7	Essl. Olivenöl, kaltgepresst	verrühren, abschmecken
5	Essl. Essig	
1	Essl. Senf	
	Salz	
	Pfeffer	
	Zucker	
		die Salatsoße dazu, vorsichtig vermischen, 2 Std. kalt stellen, abschmecken, anrichten

Rotkohlsalat

1	mittelgroße Dose Rotkohl	gut ausdrücken, zerpflücken
5	Scheiben frische Ananas □	dazu, unterheben
1	Apfel □	
1	kl. Zwiebel □	
Salatsoße:		
200 g	Sahne	steif schlagen
1	Zitrone	auspressen, dazu
1	Teel. Zucker	
	Salz	nach Geschmack dazu
	etwas Pfeffer	
		die Salatsoße unter die Salatzutaten mischen, nach 1 Std. nochmals abschmecken

Hähnchenbrustfiletsalat, pikant

Siehe Hähnchenbrustfilet in pikanter Soße

Weißkohlsalat

1	kl. Kopf Weißkohl	putzen, waschen, sehr fein schneiden
1	Paprika, grün	putzen, waschen, in Streifen schneiden, dazu
2–3 ½	Zwiebeln □ Tasse Zucker	dazu
Salatsoße:		
1 1 1 1 1	Essl. Senf Essl. Zucker Essl. Salz Tasse Essig Tasse Olivenöl	einmal aufkochen, heiß über die geschnittenen Zutaten gießen, vermischen
		über Nacht den Salat durchziehen lassen, vor dem Anrichten abschmecken, etwas Flüssigkeit abgießen

Sauerkrautsalat 1

1 kg Sauerkraut	gut ausdrücken, etwas klein schneiden
200 g Ananas □ 200 g Äpfel □ 200 g Tomaten □ 300 g Zwiebeln □ 60 g Schnittlauchröllchen 60 g Dill, gehackt	dazu, alles gut vermischen
Salz etwas Pfeffer Essig Zitronensaft Öl, kalt gepresst etwas Kümmel	nach Geschmack dazu, etwas durchziehen lassen, abschmecken, anrichten

Sauerkrautsalat 2

250 g Sauerkraut	gut ausdrücken, etwas klein schneiden
150 g Ananas □ 1–2 Gewürzgurken □	dazu, unterheben
2–3 Essl. Majonäse 1 Essl. Joghurt ½ Teel. Senf ½ Teel. Zucker Salz Pfeffer	verrühren, mit den Salatzutaten vermischen, etwas durchziehen lassen, abschmecken, anrichten

Sauerkrautsalat 3

500 g	Sauerkraut	gut ausdrücken, etwas klein schneiden
200 g 2	grüne Weintrauben, entkernt Äpfel □	dazu, unterheben
2 1 4	Essl. Essig etwas Zitronensaft Salz weißer Pfeffer Teel. Zucker Essl. Öl, kaltgepresst	dazu, gut abschmecken, 2–3 Std. ziehen lassen
2	Essl. Preiselbeeren (Dose oder Glas)	vorsichtig unterheben, anrichten

Sauerkrautsalat 4

300 g	Sauerkraut	gut ausdrücken, klein schneiden
2 1 1 1	Äpfel □ Zwiebel □ Möhre, gerieben kl. Dose weiße Bohnen, abgetropft	dazu, unterheben
4 2–3 3–6 ½ 1	Essl. Sahne Essl. Öl, kaltgepresst Essl. Zitronensaft Teel. Zucker etwas Pfeffer Messersp. gem. Kümmel	dazu, gut abschmecken, 2–3 Std. ziehen lassen, anrichten

Paprikasalat mit Oliven

2	rote Paprika	putzen, waschen, in feine Streifen schneiden
20	schwarze, entkernte Oliven	in dünne Scheiben schneiden, dazu
2	feste Bananen	in dicke Scheiben schneiden, dazu
Salatsoße:		
4	Essl. Olivenöl, kaltgepresst	
4-6	Essl. Zitronensaft Salz Pfeffer	verrühren, abschmecken
		die Salatsoße mit den geschnittenen Zutaten vorsichtig vermengen, nochmals abschmecken, anrichten

Anmerkung:
Wenn der Salat nicht sofort gegessen wird, die Bananen erst vor dem Verzehr dazugeben.

Paprikasalat

3 Paprika, rot, grün, gelb	putzen, in Streifen schneiden in eine Schüssel geben
2 rote Zwiebeln ○ 2-3 Tomaten □ 150 g Kochschinken □ 4 hart gekochte Eier □ 8-10 entkernte Oliven ○ 1 Teel. Kapern □ (nach Wunsch)	dazu
Salatsoße: Olivenöl, kaltgepresst Zitronensaft etwas Essig (Balsamico-Bianco) Salz Pfeffer Zucker Tabasco ½-1 Knoblauchzehe, gepresst	verrühren, abschmecken, die Salatsoße über die geschnittenen Zutaten gießen, kurz vermischen
	den Paprikasalat ziehen lassen, abschmecken, anrichten

Hackbällchen im Obstsalat

375	g Rindergehacktes	
125	g Mett	
1	Brötchen	einen pikanten Fleischteig herstellen,
2	Eier	kleine Bällchen formen
1	Essl. Tomatenmark	(1½ cm groß)
	viel Currypulver	
	Salz, Pfeffer	
	Paprikapulver	
	Olivenöl	erhitzen, die Bällchen darin anbraten und garen, kalt stellen
2-3	kleine Dosen Mandarinen	alles gut abtropfen lassen,
5-7	Scheiben Ananas	Ananas in Streifen schneiden
1-2	mittelgr. Dosen kleine Champignons	
Soße:		
150	g Miracel Whip Balance, 15% Fett	verrühren
1-3	Essl. Mandarinensaft	
	Salz, Pfeffer Paprikapulver Currypulver Senf	die Soße abschmecken
		Hackbällchen und Obst vorsichtig unter die Soße heben

Käsesalat mit Früchten

200 g	Frischkäse (Philadelphia)	
6	Essl. Sahne	zu einer glatten
2	Essl. Majonäse	Soße rühren
3	Essl. Ananassaft	
3-4	Essl. Zitronensaft	
	Salz	die Salatsoße abschmecken
	Pfeffer	
300 g	Goudakäse □	zur Salatsoße geben
100 g	grüne Weintrauben	halbieren und
100 g	blaue Weintrauben	entkernen, dazu
1	kl. Dose Mandarinen	gut abtropfen lassen,
1	kl. Dose Ananas □	dazu
2	Bananen ○	vorsichtig unterheben
		den Käsesalat gekühlt servieren

Eier-Ananassalat

250 ml	Miracel Whip Balance, 15% Fett	verrühren
6	Essl. Ketschup	
10	hartgekochte Eier □	dazu
1	gr. Dose Ananas □	abtropfen lassen, dazu
1	mittelgr. Glas Champignons ○	
		die Salatzutaten unter die Miracel-Ketschupcreme heben

Herbstsalat

1	Stg. Porree (nur das Weiße)	sehr fein schneiden
2	Apfelsinen	klein würfeln
2	Möhren	putzen,
2	Äpfel	fein raspeln
Salatsoße:		
150 g	Joghurt	verrühren, abschmecken
50 g	Sahne	
	Zitronensaft	
	Salz	
	Zucker	
		die Salatzutaten mit der Salatsoße ver-mischen

Geflügelsalat

1 Poularde	in Salzwasser garen, kalt stellen, Poulardenfleisch ablösen (Haut entfernen) und in Würfel schneiden
1 kl. Dose Ananas □ 1 kl. Glas Champignons □	gut abtropfen lassen
1 kl. Glas Spargel	in Stücke schneiden, abtropfen lassen
100 g Walnüsse □ 2 Äpfel □	mit den anderen Zutaten vermischen
150 g Miracel Whip 125 g Crème fraîche 6-8 Essl. Ananassaft	verrühren
Salz Pfeffer Zitronensaft	abschmecken
	alles zusammen vorsichtig zu einem Geflügelsalat vermischen, den Salat gut durchziehen lassen

Anmerkung:
Die Geflügelbrühe sollte für eine Suppe verwandt werden.

Wurst-Paprika-Salat

1	Ring Fleischwurst (400-500g), mit oder ohne Knoblauch	in Streifen schneiden
5-8	Essiggurken	
1	mittelgroßes Glas Paprikastreifen, ohne Flüssigkeit	dazu
Salatsoße:		
2-3	Essl. Majonäse	verrühren
3	Essl. Paprikaflüssigkeit	
1-2	Zwiebeln □	dazu, abschmecken, die Soße über die Salatzutaten schütten, alles vermengen, 2-3 Std. kalt stellen, nochmals abschmecken
	Pfeffer	
	wenig Salz	
	Petersilie	für die Garnierung

Spargelsalat

1	Essl. Miracel Whip	
150 g	Joghurt, natur	gut verrühren
1/8 l	Sahne	
1-2	Zitronen, ausgepresst	abschmecken
	Salz	
6	Eier	hart kochen, kalt in Streifen schneiden, dazu
4-5	Scheiben Ananas □	dazu
1	kl. Dose Champignons ○	ohne Flüssigkeit dazu
1	mittelgr. Dose Spargel	gut abtropfen lassen, 3 cm lang schneiden, dazu
		alles vorsichtig vermengen, 3 Std. kalt stellen

Anmerkung:
Der Spargelsalat schmeckt besonders gut mit frischer Ananas.

Während der Spargelernte frischen Spargel verwenden.

Junggesellensalat

1	kl. Dose Pilze ○	
1	kl. Dose Ananas □	die Flüssigkeit gut ablaufen lassen und die Salatzutaten in eine Schüssel geben
1	kl. Dose Spargelabschnitte	
1	kl. Glas Sellerie, geraspelt	
150 g	TK Erbsen, etwas aufgetaut	dazu
400 g	Fleischsalat	dazu, alles vorsichtig vermengen, sofort anrichten

Herrensalat

6	Gurken	
6	kl. Zwiebeln	alles □ und in eine große Schüssel füllen
6	gekochte Kartoffeln	
6	hart gekochte Eier	
6	Äpfel	
1	mittelgr. Glas Selleriesalat	abtropfen lassen, dazu
1	kl. Glas Miracel Whip	über die Zutaten geben, alles vorsichtig vermengen, 3 Std. kalt stellen, anrichten

Tropischer Salat

3	Äpfel	putzen, in Streifen schneiden
½	Zitrone	auspressen, über die Äpfel träufeln
4 200 g	Scheiben Ananas mittelalter Goudakäse oder Edamerkäse	in Streifen schneiden, zu den Äpfeln geben, vermischen
Salatsoße: ⅛ l	Sahne	steif schlagen
1 2 ½	Teel. Senf Essl. Ananassaft Zitrone, ausgepresst	unter die Sahne rühren
		die Salatsoße über die geschnittenen Salatzutaten geben, vorsichtig vermengen, abschmecken
	Salatblätter Petersilie	den Salat anrichten und garnieren

Gemüse - Ananas - Schichtsalat

Soße: 1 Glas Miracel Whip 200 g Sahne 2 Zwiebeln □ Zitronensaft Salz Pfeffer	verrühren, abschmecken
1 Glas Sellerie, ohne Flüssigkeit 1-2 Stg. Porree, nur das Weiße ⊖ 1 kleine Dose Mais, ohne Flüssigkeit 1 mittelgroße Dose Ananas, □ ohne Flüssigkeit	schichtweise die Salatzutaten in eine Schüssel geben, zwischen jede Schicht etwas Soße füllen
	den Salat zugedeckt kalt stellen, 12 Std. ziehen lassen
250 g Goudakäse, gerieben	vor dem Verzehr den Käse darüber streuen, nicht vermischen!

Schichtsalat

1 mittelgr. Glas Sellerie, geraspelt 1 mittelgr. Dose Mais 8 Scheiben Ananas □	gut abgetropft in eine große Schüssel schichten, Ananassaft zurück stellen
	etwas Miracel Whip-Creme auf die Ananas-schicht streichen
3 Scheiben Kochschinken □ 5 hartgekochte Eier ○ 2-3 Stg. Porree ⊖, nur das Weiße	der Reihenfolge nach weiter schichten
	etwas Miracel Whip-Creme auf die Porree-schicht streichen
2-3 Äpfel, gestiftelt 3 Scheiben Kochschinken □	weiter schichten
	die restliche Miracel Whip-Creme darauf streichen
250 g Goudakäse, gerieben	vor dem Anrichten dick bestreuen
Miracel-Whip-Creme: 300 ml Miracel Whip 1 Becher Crème fraîche etwas Ananassaft	verrühren

Frischer Schichtsalat

1/2	kleiner Eisbergsalat	putzen, waschen, in Streifen schneiden, gut abgetropft in eine Schüssel geben
4	hart gekochte Eier ○	der Reihenfolge nach auf den Eisbergsalat schichten
1	mittelgr. Dose Ananas, abgetropft □	
100 g	Kirschtomaten ⊖	
2	Frühlingszwiebeln ⊖	
100 g	Goudakäse □	
	Salatsoße:	
250 g	Crème fraîche	verrühren, abschmecken, über den Salat schütten
150 g	Crème fraîche mit Kräutern	
	Salz	
	Pfeffer	
	etwas Ananassaft	
		den Schichtsalat 1–2 Std. kalt stellen

Selleriesalat

1	Glas Sellerie	☐	gut abgetropft in eine Schüssel geben
1–2	Äpfel (Boskop)	☐	
2–3	Scheiben Ananas	☐	dazu
50 g	Haselnüsse, gehackt		
Salatsoße:			
8	Essl. Sahne		
4	Essl. Joghurt		verrühren,
2	Essl. Majonäse		abschmecken
	Zitronensaft		
	Salz		
			die Salatsoße über die geschnittenen Zutaten gießen, alles vorsichtig vermengen, nach 30 Min. abschmecken

Anmerkung:
Statt Scheiben-Sellerie kann auch 1 Glas Sellerie, geraspelt verwandt werden.

Zwiebel-Apfelsalat

1	Gemüsezwiebel	
4	Äpfel	
8	Gewürzgurken	in Streifen schneiden
200 g	gekochter Schinken	
250 ml	Miracel Whip (fettarm)	dazu, alles vorsichtig vermengen, den Salat gut durchziehen lassen
		anrichten, nach Wunsch garnieren

Abwandlung:
Gekochter Schinken kann durch Fleischwurst ersetzt werden.

Entkernte Weintrauben, hell und dunkel, können statt der Gewürzgurken zugegeben werden.

Zwiebel-Porree-Ananas-Salat

6	Essl. Olivenöl	in einer gr. Pfanne erhitzen
4	Gemüsezwiebeln (ca. 1000 g) ⊖	dazu,
2-3	Stg. Porree (ca. 500 g) ⊖	kurz dünsten
		in einen Durchschlag schütten, abkühlen lassen
1	gr. Dose Ananas □	gut abgetropft dazu
Salatsoße:		
300	g Joghurt	
100	g Salatmajonäse	
2	Teel. Currypulver	
1	Essl. Zucker	verrühren,
	Salz	würzig abschmecken
	Pfeffer	
1	Essl. Weinessig	
	Zitronensaft	
4-5	Essl. Ananassaft	
		alle Salatzutaten mit der Salatsoße vermischen, abschmecken, 1-2 Std. ziehen lassen, anrichten
	Petersilie	für die Garnierung

Schneller Porreesalat

2–3	Stg. Porree	putzen, waschen, nur das Weiße fein schneiden
1	kl. Dose Ananas, ohne Flüssigkeit oder frische Ananas	in Streifen schneiden
2 4	Essl. leichte Salatmajonäse Essl. Joghurt etwas Ananassaft	verrühren
	Salz Pfeffer	würzen
		die Salatsoße mit den Salatzutaten erst vor dem Verzehr vermischen, da der Salat schnell Flüssigkeit zieht

Porreesalat

4-5	Essl. Miracel Whip	verrühren
1/8 l	Sahne	
	Salz, Pfeffer	abschmecken
2-3	Stg. Porree ⊖, nur das Weiße	dazu
6	hartgekochte Eier □	
1	kl. Glas Sellerie, geraspelt	ohne Flüssigkeit dazu, gut vermischen
1	mittelgr. Dose Ananas □	
		der Salat schmeckt sofort

Reissalat

125 g	Langkornreis	im Salzwasser bissfest garen, kalt stellen
125 g	Miracel Whip	verrühren
1	Essl. Zucker	
1	Essl. Soja-Sauce	
	etwas Salz	
1	kl. Zwiebel □	
1	Tasse Mandarinensaft	
125 g	gek. Schinken □	dazu
2	Paprikaschoten □	
		den abgekühlten Reis dazu, abschmecken
1-2	kl. Dosen Mandarinen	abgetropft vorsichtig unterheben

Spargel-Reis-Salat

6–8 Pers.

1 1/2 kg Spargel	schälen, in 1 1/2 cm lange Stücke schneiden
2 große Tassen Wasser 2 Teel. Salz 1 Teel. Zucker	kochen, Spargel dazu, 10–12 Min. bissfest köcheln lassen
	den Spargel in einen Durchschlag schütten, Spargelwasser auffangen
2 große Tassen Spargelwasser 1 große Tasse Langkornreis oder Langkorn- und Wildreis	den Reis bissfest garen, gut abtropfen lassen, kalt stellen
250 ml Miracel Whip, Balance, 15% Fett 200 g Naturjoghurt, 0,1% Fett evtl. etwas Salz	verrühren, den abgekühlten Reis und Spargel dazu
1/2 - 3/4 frische Ananas ☐	erst vor dem Verzehr dazu, vorsichtig unterheben, abschmecken, anrichten

Curry-Reis-Salat

1 2 1 ½	Tasse Langkorn-reis Tassen Wasser Teel. Salz Teel. Curry-pulver	bissfest garen, gut abtropfen lassen, kalt stellen
1 1 1 1 –2 1	Tasse Majonäse Tasse Naturjoghurt, fettarm Zwiebel, klein □ Essl. Schnittlauchröllchen oder Petersilie, geh. Teel. Currypulver Salz Pfeffer Sojasoße	alles zusammen gut verrühren, abschmecken, über den kalten Reis schütten
2 2 2	Paprika □ Äpfel □ Bananen ○	zu den Salatzutaten geben, alles vorsichtig vermischen
		den Salat kalt stellen, 2 – 3 Std. ziehen lassen, vor dem Anrichten nochmals abschmecken

Zigeuner – Reissalat

500 g	gebratenes Rindfleisch □	
5	Gewürzgurken □	
1	gr. Glas Tomatenpaprika, ohne Flüssigkeit	alles in eine große Schüssel geben und vorsichtig vermengen
1	gr. Glas Perlzwiebeln, ohne Flüssigkeit	
1	gr. Glas Zigeuner Sauce	
1–1½	Beutel Kochreis Salzwasser	gut gewürzt garen, abgekühlt unter den Salat heben, 2–3 Std. ziehen lassen

Spagettisalat

500 g Spagetti Barilla Nr. 5 Salzwasser 1 Essl. Öl	bissfest garen, Kochzeit 8 Min.
	mit kaltem Wasser gut abschrecken, damit die langen Spagetti nicht kleben, abgetropft in eine große Schüssel geben
½ Kaffeetasse Balsamico-Essig ½ Kaffeetasse Olivenöl 1 Teel. Salz ½ Teel. Pfeffer 1–2 Knoblauchzehen, gepresst	vermischen, über die Spagetti gießen
1 P. TK Basilikum	über die Nudeln streuen
	alles gut vermischen
3 Mozzarella (750g) □ 4–5 Tomaten □	dazu, vorsichtig unterheben
	5–6 Std. ziehen lassen, abschmecken, den Spagettisalat nicht zu kalt servieren

Nudelsalat mit Paprika und Mais

100 g Nudeln Salzwasser	bissfest garen, abschrecken, abtropfen lassen
1 grüne Paprika □ 1 rote Paprika □ 200 g Mais, ohne Flüssigkeit 3 Tomaten □ 200 g Leberkäse oder Fleischwurst □	in eine große Schüssel geben, die abgekühlten Nudeln dazu
Salatsoße: 2 Essl. Olivenöl, kalt gepresst 2 Essl. Zitronensaft 1 Essl. Essig Salz Pfeffer 1 gestr. Teel. Zucker 1 Essl. gehackte Kräuter	verrühren, abschmecken, über die Salatzutaten schütten und vorsichtig vermengen, 2 Std. kalt stellen
	vor dem Anrichten nochmals abschmecken

Dänischer Salat

250 g	Makkaroni	garen, klein schneiden
1	mittelgr. Dose Erbsen u. Möhren	ohne Flüssigkeit dazu (Möhren □)
125 g	Kochschinken oder Jagdwurst □	dazu
50 g	geh. Haselnüsse	nach Wunsch dazu
2 2 $\frac{1}{8}$ l	Essl. Majonäse Essl. Crème fraîche Sahne oder Milch Zitronensaft Salz, Pfeffer	verrühren, abschmecken, auf die Salatzutaten geben, vorsichtig vermischen
		vor dem Anrichten nochmals abschmecken, evtl. etwas Milch dazu

Nudelsalat mit Lauch

250 g	Hörnchennudeln	garen
250 g 2	Fleischwurst □ Stg. Porree ⊖, nur das Weiße	dazu
5 4 2	Essl. kaltgepresstes Öl Essl. Maggi Essl. Essig	dazu, vorsichtig vermischen
	Salz, Pfeffer Zitronensaft	abschmecken
		3 Std. ziehen lassen

Bunter Kartoffelsalat

500 g Pellkartoffeln ☐ 1 große, rote Paprikaschote ☐ 1 Bund Frühlingszwiebeln ○ oder 1-2 Zwiebeln ☐ 1 kl. Dose Maiskörner, ohne Flüssigkeit	in eine große Schüssel geben
4-5 Essl. Salatmajonäse 1 Kaffeetasse heiße Würfelbrühe	verrühren
Salz Pfeffer Essig oder Zitronensaft	gut abschmecken, über den Salat gießen und vermengen
1 kl. Dose grüne Brechbohnen, ohne Flüssigkeit	unterheben
	den Salat 3-4 Std. durchziehen lassen, abschmecken

Heringssalat

1	Schüssel	
	Miracel Whip	
6	Essl. Sahne	verrühren
	etwas Rote Bete - Saft	
1	Schüssel Bismarckheringe □	
1	Schüssel Pellkartoffeln □	
1	Schüssel Gurken □	dazu,
1	Schüssel Äpfel □ (Boskop)	vorsichtig vermischen, zugedeckt über Nacht
7-10	Eier, hart gekocht □	kalt stellen
1	Schüssel Rote Bete □	
	Sahne oder Milch	
	etwas Gurkenwasser	
	Salz	vor dem Verzehr abschmecken
	Pfeffer	
	Zucker	

Anmerkung:
Die Schüsselgröße richtet sich nach der gewünschten Menge.

Gemüse
Gemüseaufläufe

Kohlrabi

2–3 Kohlrabi	schälen, in Streifen schneiden
1/2 l Wasser 1 Teel. Salz 1 Teel. Butter	Kohlrabi in Salzwasser garen

Helle Grundtunke für Kohlrabi

40g Butter	auslassen, nicht bräunen
30g Mehl	trocken dazu, gut verrühren
Kohlrabiwasser etwas Milch	nach und nach unter ständigem Rühren dazu, bis die Tunke dickflüssig ist, kurz aufkochen
Salz etwas Muskat	abschmecken
Verfeinerung: 1 Guss Sahne	dazu
	die gegarten Kohlrabistreifen vorsichtig unter die Grundtunke heben

Rotkohl

1	kleiner Kopf Rotkohl, geschnitten ca. 1200 g	die Blätter außen ablösen, den Kohl vierteln und waschen, sehr fein schneiden oder hobeln, den Strunk zurück lassen, in einen Topf geben
60 g	Schmalz oder Gänsefett	
2–3	Zwiebeln □	dazu, einmal aufkochen, zugedeckt 15 Min. köcheln lassen
2	Lorbeerblätter	
1	Messersp. gem. Nelken	
1	Teel. Salz	
1	Essl. Zucker	
½ l	Wasser	
3–4	saure Äpfel □ (Boskop)	dazu, weitere 10 Min. garen
1	Essl. Essig	dazu, gut unterrühren
2–3	Essl. Johannisbeergelee	
	Salz Zucker Essig	abschmecken, falls erforderlich noch etwas köcheln lassen
		die Lorbeerblätter herausnehmen, den Rotkohl anrichten

Geschmorte Gurken

1 kg Schmorgurken	schälen, längs halbieren, mit einem Löffel entkernen, Streifen schneiden
40 g Butter	in einer große Pfanne auslassen
	die Gurkenstreifen dazu
Salz Pfeffer 1 Essl. Senf	würzen
	unter ständigem Wenden die Gurken 3–4 Min. schmoren lassen
4 Essl. Crème fraîche	dazu, einmal kurz aufkochen, abschmecken
5 Essl. Schnittlauchröllchen 3 Essl. gehackte Petersilie	dazu, unterheben
	anrichten

Bohnenbündchen

1	große Dose grüne Bohnen	abtropfen lassen
16	Scheiben durchwachsener, ger. Bauchspeck	8–10 Stg. Bohnen mit je 1 Scheibe Bauchspeck umwickeln
		die Bohnenbündchen in eine gefettete Auflaufform legen
	Salz, Pfeffer	etwas würzen
1	Essl. Butter	als Flöckchen auf die Bohnen geben
		nicht abgedeckt im vorgeheizten Backofen bei 190°C ca. 20–30 Min. überbacken

Anmerkung:
Es können auch TK Bohnen verwandt werden.

Pflaumen im Speckmantel

Trockenpflaumen, entsteint, essfertig durchwachsene, ger. Bauchspeckscheiben Holzzahnstocher	die gewünschte Pflaumenmenge einzeln mit je 1 Scheibe Bauchspeck umwickeln und mit 1 Holzzahnstocher halten, alle eingewickelten Pflaumen auf ein mit Backpapier ausgelegtes Backblech legen, nicht abdecken
	im vorgeheizten Backofen bei 200°C ca. 20 Min. überbacken

Grillspargel

1 Pers.

1	Essl. Crème fraîche	auf ein St. Alufolie geben
6-7	Stg. Spargel	schälen, in 2-3 cm lange Stücke schneiden, auf die Crème fraîche legen
1 1	Essl. Schinkenwürfel Essl. Käsewürfel	über den Spargel streuen
  1-2 1	Salz Pfeffer Teel. Weißwein Essl. gehackte Kräuter	würzen
		die Alufolie schließen, 20 Min. auf dem heißen Grill garen

Bohnen-Tomatengemüse

500 g Bohnen	putzen, waschen, 3–4 cm lang schneiden, in Salzwasser bissfest garen
40 g Butter	auslassen
2 Zwiebeln □ 2–3 Knoblauchzehen □	dazu, kurz schmoren lassen
	die Bohnen abgetropft dazu
4–5 Tomaten	in Achtel schneiden, dazu
Salz Pfeffer etwas Bohnenkraut	abschmecken
	5–10 Min. weiter schmoren lassen, abschmecken, anrichten

Abwandlung:

Bohnen-Tomatengemüse mit Mett

300 g Mett	kleine Bällchen formen
	in den letzten 5–10 Min. oben auf das Gemüse legen, zugedeckt schmoren lassen, unterheben, abschmecken, anrichten

Bohnen, Birnen und Speck

400 g durchwachsener, geräucherter Bauchspeck ½ l Wasser	bei geringer Hitze 20 Min. köcheln
750 g grüne Bohnen	waschen, entfädeln, halbieren und auf den Speck geben
2–3 Bohnenkrautzweige	dazu, 15 Min. weiter garen
500 g kleine Birnen (Bergamotte-Birnen)	waschen, halbieren, Kerngehäuse entfernen und auf die Bohnen legen, 15–20 Min. mitkochen
	Birnen und Speck herausnehmen, Speck in Scheiben schneiden
Salz Pfeffer	die Bohnen abschmecken
	Bohnen, Birnen und Speck anrichten
2 Essl. gehackte Petersilie	bestreuen

Zwiebel-Bananengemüse

1	Gemüsezwiebel	in Streifen schneiden
6 1 20 g	Essl. Wasser gestr. Teel. Salz wenig Pfeffer Butter	dazu, 5 Min. köcheln lassen
1	Zitrone	auspressen, dazu
2-3	Bananen ○	dazu, vorsichtig unterheben, 2 Min. köcheln lassen
	Fix-Soßenbinder, hell	nach Wunsch binden

Zwiebelbohnen

40 g	Butter	flüssig werden lassen
3 1-2	Zwiebeln □ Knoblauch-zehen □	dazu, goldgelb schwitzen
1	große Dose grüne Bohnen	mit wenig Flüssigkeit dazu
	Salz, Pfeffer etwas Majoran	würzen
		zugedeckt 20 Min. schmoren, vorsichtig wenden, abschmecken, anrichten
2-3	Essl. geh. Petersilie	darüber streuen

Ratatouille

1	Essl. Olivenöl	erhitzen
1 1	gr. Aubergine ⊖ Zucchini ○	dazu, goldbraun braten
3 1	Möhren □ Zwiebel □	dazu, kurz mitbraten
300 g 1/8 l	frische Champignons ○ Gemüsebrühe	dazu
	Salz Pfeffer	abschmecken
		zugedeckt 10 Min. schmoren lassen
3-4	Tomaten □	dazu, 3 Min. weiter schmoren lassen
	Fix-Soßenbinder, dunkel	nach Wunsch binden
3	Essl. saure Sahne	unterrühren, es darf nicht mehr kochen, da die saure Sahne sonst ausflockt
		abschmecken, anrichten

Anmerkung:
Falls das Gemüse mit Biss gewünscht wird, statt 10 Min. nur 3-4 Min. schmoren lassen.

Sauerkraut

3 Essl. Olivenöl	erhitzen
1–2 Zwiebeln □ 3–4 Knoblauchzehen □ 1–2 Äpfel □	dazu, andünsten
1/8 l Wein (Riesling)	die Zwiebeln ablöschen
1 kg Sauerkraut	wenn nötig, kurz in heißem Wasser waschen, abtropfen lassen, auseinander zupfen, oben auf die Zwiebeln geben
etwas Salz 2 Lorbeerblätter 1 Teel. weiße Pfefferkörner 1 Teel. Pimentkörner 1 Teel. Wacholderbeeren	die Gewürze zwischen dem Sauerkraut verteilen
1/8 l Wein	dazu
Wasser	soviel angießen, dass das Kraut bedeckt ist, 1 Std. köcheln lassen, zum Anrichten das Kraut abtropfen lassen

Anmerkung:
Nur im frischen Kraut stecken alle guten Inhaltsstoffe, die Sauerkraut so wertvoll machen. Sauerkraut schmeckt auch sehr gut mit frischer Ananas oder entkernten Weintrauben. Das Obst erst zum Schluss 10 Min. mitdünsten lassen.

Sauerkraut mit Sahne

400	g	Sauerkraut, gut ausgedrückt	30 Min. köcheln lassen
1/4	l	Brühe	
50	g	durchwachsener, geräucherter Bauchspeck ☐	
1/4	l	Sahne	dazu, weitere 30 Min. köcheln lassen
2		Zwiebeln ☐	
1		rohe, geriebene Kartoffel	

Beilage:
Gebratene Lachsforellen
Salzkartoffeln mit Petersilie

Sauerkraut-Apfel-Auflauf

1 kg mehlig kochende Kartoffeln	in kräftigem Salzwasser garen, abschütten
200 ml Buttermilch	zu den Kartoffeln geben, zusammen pürieren
Salz, Pfeffer Muskat, ger. etwas Majoran	würzen
	das Püree in eine gefettete Auflaufform geben
50 g Butter	auslassen
100 g Frühstücksspeck, in Streifen geschnitten 2-3 Zwiebeln □	dazu, dünsten
¼ l Brühe (Instant) 750 g Sauerkraut 5 Wacholderbeeren	dazu, 15 Min. leicht köcheln lassen
500 g saure Äpfel (Boskop) □	dazu, 5 Min. weiter garen
	Sauerkraut ohne Flüssigkeit auf dem Püree verteilen
150 g Goudakäse □	auf den Auflauf streuen
	im vorgeheizten Backofen bei 180°C ca. 30 Min. überbacken

Gemüseplatte

1/2 Blumenkohl 400 g Brokkoli	in Röschen zerteilen, putzen
400 g Möhren	schälen, in Scheiben schneiden
	das Gemüse getrennt in kochendem Salzwasser bissfest garen, abtropfen lassen
etwas Butter	eine Auflaufform ausfetten, das Gemüse geordnet hinein legen
250 ml Sauce Hollandaise	über das Gemüse geben
	im Backofen bei 180°C / Umluft 160°C 20–30 Min. überbacken

Anmerkung:
Es kann jedes gewünschte Gemüse verwandt werden.

Verfeinerung:

30 g Butter	auslassen
50 g Mandelplättchen	dazu, goldgelb bräunen
	auf die Gemüseplatte streuen

Brokkoli-Auflauf

500 g gekochte Kartoffeln ○	in eine gefettete Auflaufform schichten
Salz, Pfeffer	würzen
100 g mittelalten Goudakäse	reiben, auf die Kartoffeln streuen
30 g Butter	erhitzen
2 Zwiebeln □	dazu, andünsten, nicht bräunen
$\frac{1}{8}$ l Brühe (Instant)	dazu gießen
600 g TK Brokkoli	dazu, den Brokkoli 2 Min. köcheln lassen, alles auf den Auflauf geben
4 Eier $\frac{1}{8}$ l Milch	verrühren
Salz Pfeffer ger. Muskatnuss	würzen, über den Auflauf schütten
100 g mittelalten Goudakäse	reiben, auf den Auflauf streuen
2 Essl. Mandelblättchen	darüber geben
	im vorgeheizten Backofen bei 180° C ca. 40 Min. goldgelb überbacken

Rosenkohlauflauf

1 kg Rosenkohl	putzen, etwas von dem Strunk abschneiden und waschen, am Strunk die Rosenkohl-röschen kreuzweise ein-schneiden, 15 Min. in Salzwasser garen, abgetropft in eine gefettete Auflaufform geben
300 g gekochten Schinken	in Streifen schneiden, auf den Rosenkohl streuen
1/8 l Rosenkohlbrühe 1/8 l Milch 3–4 Eier Salz Pfeffer geriebene Muskatnuss	verrühren, abschmecken, über den Schinken gießen
100 g Goudakäse, mittelalt	reiben, auf den Auflauf streuen
1 Essl. Butter	als Flöckchen darauf geben
	den Auflauf im vorge-heizten Backofen bei 200°C ca. 30–35 Min. überbacken

Rosenkohlauflauf, pikant

750 g Rosenkohl	putzen, 10 Min. in Salzwasser garen, abgetropft in eine gefettete Auflaufform geben
150 g durchwachsener, geräucherter Bauchspeck ◻	mit dem Rosenkohl vermischen
150 g Crème fraîche 1 Ei 125 g ger. Emmentaler-Käse	verrühren
Salz Pfeffer Muskat	pikant abschmecken, über den Rosenkohl schütten
2 Essl. Paniermehl 2 Essl. gem. Mandeln	vermischen, auf den Auflauf streuen
etwas Butter	als Flöckchen darauf verteilen
	den Auflauf im vorgeheizten Backofen bei 180°C ca. 40–45 Min. überbacken

Pikanter Rosenkohlauflauf

125 g durchwachsener Speck □	auslassen
250 g Zwiebeln □	dazu, glasig dünsten
600 g Rosenkohl	putzen, waschen, dazu
10 Essl. Brühe (Instant) Salz, Pfeffer Muskatnuss, gerieben	dazu, abschmecken, zugedeckt 10 Min. schmoren lassen
	in eine gefettete Auflaufform geben
200 g Schmand 2 Eigelb 100 g geriebener Goudakäse	verrühren
Salz Pfeffer Paprikapulver	würzen
2 Eiweiß, sauber	steif schlagen, unter den Schmand heben und auf den Rosenkohl streichen
	im vorgeheizten Backofen bei 190° C ca. 20 Min. überbacken

Nachspeisen

Vanillecreme (Grundrezept)

1 P.	Vanillepudding-pulver	verrühren
1/8 l	kalte Milch	
1	Eigelb	
1	Prise Salz	
1/2 l	Milch	zum Kochen bringen
gut 2	Essl. Zucker	
		Milch von der Platte nehmen, angerührtes Vanille-pulver unter Rühren hineinschütten, unter gutem Rühren die Creme noch einmal aufkochen, wieder von der Platte nehmen
1	Eiweiß	steif schlagen, auf die Creme legen, Deckel auf den Topf, Eischnee 5 Min. garen
1	Teel. Zucker	
		Eischnee nach Wunsch unter die Creme heben oder sichtbar lassen

Abwandlung des Grundrezeptes Vanillecreme

Tutti - Frutti

Gebäck Obst	in eine Schüssel geben
fertige Vanillecreme	darüber geben
	kalt stellen

Garnierung nach Wunsch

Herrencreme

1/2 l Milch 10 Essl. abnehmen 60 g Zucker	zum Kochen bringen
1 P. Puddingpulver Vanillegeschmack 10 Essl. Milch 1 Prise Salz	verrühren
	kochende Milch sofort von der Herdplatte nehmen, angerührtes Vanillepulver unter Rühren hineinschütten, unter gutem Rühren die Creme noch einmal aufkochen, schnell wieder von der Platte nehmen und sofort in eine große Schüssel füllen, zur Vermeidung der Hautbildung Klarsichtfolie fest auf die Creme drücken, kaltstellen
	die Creme gut glatt rühren
3–4 Essl. Rum Pott Rum 54%	dazu, gut verrühren
200 g Sahne	steif schlagen, vorsichtig unterheben, in eine Glasschüssel füllen
50 g Schokolade	grob schneiden, garnieren

Schokoladencreme (Grundrezept)

1 P. Schokoladen-puddingpulver 1/8 l kalte Milch 1 Eigelb 1 Prise Salz	verrühren
1/2 l Milch 50 g Zucker	zum Kochen bringen
	Milch von der Platte nehmen, angerührtes Schokoladenpulver unter Rühren hineinschütten, unter gutem Rühren die Creme noch einmal aufkochen, wieder von der Platte nehmen
1 Eiweiß 1 Teel. Zucker	steif schlagen, auf die Creme legen, Deckel auf den Topf, Eischnee 5 Min. garen
	Eischnee nach Wunsch unter die Creme heben oder sichtbar lassen

Mokkacreme

½ l	Milch 10 Essl. abnehmen	zum Kochen bringen
90 g	Zucker	
1	Prise Salz	
1 P.	Puddingpulver Schokoladen-geschmack	anrühren, unter Rühren zur Milch geben,
10	Essl. Milch	einmal aufkochen
2	Essl. Instant-kaffee	dazu, nochmals kurz auf-kochen, kalt stellen, zur Vermeidung der Hautbildung Klarsicht-folie fest auf die Creme drücken
		die Creme gut glatt rühren
200 g	Sahne	steif schlagen, unter die Creme heben
50 g	weiße Schokolade	grob schneiden, kurz vor der Mahl-zeit auf das ange-richtete Dessert streuen

Anmerkung:
Die Schokoladencreme einschließlich Instant-kaffee kann schon am Abend vorher zube-reitet werden.

Dessert-Soße
Vanille-Geschmack

1 P. Vanille-Soßenpulver 8 Essl. kalte Milch	verrühren
1/2 l Milch (– 8 Essl.) 2 gestr. Essl. Zucker	zum Kochen bringen
	Milch von der Platte nehmen, angerührtes Soßenpulver unter Rühren hineinschütten, unter gutem Rühren die Creme noch einmal aufkochen. kalt stellen

Anmerkung:
Die Hautbildung kann durch Abdecken mit Klarsichtfolie vermieden werden, indem man die Folie fest auf die Creme drückt.

Dessert - Soße

Schokoladen-Geschmack

1 P. Schokoladen-Soßenpulver 8 Essl. kalte Milch	verrühren
½ l Milch (-8 Essl.) 2 Essl. Zucker	zum Kochen bringen
	Milch von der Platte nehmen, angerührtes Soßenpulver unter Rühren hineinschütten, unter gutem Rühren die Creme noch einmal aufkochen, kalt stellen

Anmerkung:
Die Hautbildung kann durch Abdecken mit Klarsichtfolie vermieden werden.
Die Folie muß direkt auf die Soße gedrückt werrden.

Karamellmilch

50 g Zucker	zu Karamell bräunen
1/8 l heißes Wasser	nach gewünschter Bräune schnell ab-löschen, Deckel als Spritzschutz verwenden, von der Kochstelle nehmen
1/2 l kalte Milch 1/8 l Sahne	dazu
1 P. Vanillezucker nach Wunsch etwas Weinbrand	abschmecken
	gut gekühlt servieren

Verfeinerung: Vanilleeis vor dem Servieren gleichmäßig auf die Gläser verteilen.

Garnierung: Sahne, Schokolade

Grießmehlflammeri

3/4 l Milch (750 ml) 3 Essl. Zucker 1 Prise Salz 60 g Weichweizen-Grieß 1 1/2 Blatt weiße Gelatine 1 Eigelb 1/4 l Sahne	Zubereitung siehe Grießmehlflammeri mit Dessert-Fruchtmus
	in eine Glasschüssel füllen, mit Klarsichtfolie abdecken, 3–4 Std. kalt stellen
1/2–1 Tüte gehackte Pistazien (25 g)	auf den Grießmehlflammeri streuen
	mit gewünschtem Dessert-Fruchtmus servieren

Anmerkung:
Dieser Grießmehlflammeri mit Weichweizen Grieß ist cremiger.

Grießmehlflammeri mit Dessert-Fruchtmus

1 ½ l Milch, ¼ Teel. Salz 5–6 Essl. Zucker	8 Pers. erhitzen
125 g Hartweizen-Grieß	unter Rühren einstreuen, weiter rühren, bis es kocht (Vorsicht! Brennt leicht an!) von der Kochstelle nehmen
5 Blatt weiße Gelatine	in kaltem Wasser einweichen, ausdrücken, unter den heißen Flammeri rühren
2 Eigelb	in eine große Tasse geben, nach und nach den heißen Brei dazu, unter den Grießmehl-flammeri ziehen, mit Klarsichtfolie ab-decken, kalt stellen
½ l Sahne	steif schlagen, unter den abgekühlten Flammeri heben, 1-2 Sturzformen mit kaltem Wasser ausspülen, den Grießmehlflammeri einfüllen, über Nacht kalt stellen
	zum Anrichten den Flammeri auf 1-2 Platten stürzen
1 Tüte gehackte Pistazien (25 g)	auf den Grießmehlflammeri streuen

Mit gewünschtem Dessert-Fruchtmus servieren.

Dessert - Fruchtmus aus Himbeeren

500 g TK Himbeeren	in ein hohes Gefäß geben, auftauen
1 Orange	auspressen, Saft in einen kleinen Topf gießen
5-6 Essl. Zucker	dazu, unter Rühren erhitzen und zu einem leichten Sirup kochen, den Orangensirup auf die Himbeeren gießen
	Himbeeren und Sirup mit einem Mixstab pürieren, das Fruchtmus durch-sieben, bis zum Servieren kalt stellen

Anmerkung:
Dessert-Fruchtmus zu Grießmehlflammeris servieren.

Dessert-Fruchtmus aus Aprikosen

1	große Dose Aprikosen	abgetropft in ein hohes Gefäß geben
6 1½-2	Essl. Aprikosensaft Essl. Aprikosen-konfitüre	dazu
		alles mit einem Mixstab pürieren, bis zum Servieren kalt stellen
1-2	Essl. gehackte Mandeln	nach Wunsch als Garnierung

Dessert-Fruchtmus aus Pflaumen

1	großes Glas Pflaumen	abgetropft in ein hohes Gefäß geben
6 ¼-½ 1½-2	Essl. Pflaumensaft Teel. Zimt Essl. Pflaumenmus	dazu
		alles mit einem Mixstab pürieren, durchsieben, bis zum Servieren kalt stellen
	Gebrannte Mandeln	unbedingt als Garnierung dazu

Anmerkung: Das Rezept für „Gebrannte Mandeln" steht im Backbuch „Erprobte Backrezepte".

Milchreis

$\frac{3}{4}$ l Milch $1\frac{1}{2}$ Essl. Zucker 1 Prise Salz 125 g Milchreis	zusammen zum Kochen bringen, kurz umrühren, auf kleinster Stufe 50 Min. gar quellen lassen
Zimt Zucker	nach Wunsch auf den angerichteten Reis streuen

Sahnemilchreis mit Sauerkirschen

$\frac{3}{4}$ l Milch, knapp 2 Essl. Zucker 1 Prise Salz 125 g Milchreis	Zubereitung siehe Milchreis, kalt stellen
200 g Sahne	steif schlagen, vorsichtig unter den abgekühlten Reis heben; Sahnemilchreis in eine große Glasschüssel füllen
Sauerkirschbelag: Sauerkirschsaft 1 Essl. Vanillepuddingpulver	unter Rühren einmal aufkochen
Sauerkirschen (ein Glas)	unter den gebundenen Sauerkirschsaft heben und abgekühlt auf den Sahnemilchreis als Belag verteilen

Stachelbeer-Zitronen-Pudding

½ l	Flüssigkeit (Stachelbeersaft und Wasser) 10 Essl. abnehmen	zum Kochen bringen, von dem Herd nehmen
130 g 1	Zucker Prise Salz	
1 P.	Fruttina Zitronen-Geschmack v. Dr. Oetker	glatt rühren
10	Essl. Stachelbeersaft	
		angerührtes Pulver in die Flüssigkeit einrühren, unter Rühren kurz aufkochen, vom Herd nehmen, den Pudding dicht mit Klarsichtfolie bedecken, erkalten lassen
200 g	Sahne	steif schlagen
		den kalten Pudding glatt rühren, die steife Sahne unterheben
1	Glas abgetropfte Stachelbeeren	vorsichtig unter den Pudding heben, anrichten, bis zum Verzehr kalt stellen

Schicht-Cremespeise

1/4 l Milch	in einen Topf geben
1/2 Vanilleschote	aufschneiden, das Mark herausschaben, Schote und Mark mit der Milch unter Rühren einmal aufkochen, Milch zur Seite stellen
3 Blatt Gelatine, weiß	in kaltem Wasser einweichen, ausdrücken, in der heißen Milch auflösen, die Vanilleschote herausnehmen
1 Ei 3 Eigelb 50 g Zucker	im Wasserbad dickschaumig aufschlagen, die Vanillemilch unter Rühren dazu, die Creme in drei Portionen teilen
2 Essl. Cappuccinopulver	unter eine Portion rühren
2 Essl. Espressopulver (Nescafé)	unter eine weitere Portion rühren
	die drei Portionen kalt stellen
250 g Sahne	steif schlagen, vor dem Gelieren unter die drei Portionen heben
	die drei Cremes schichtweise in vier Gläser füllen, 1 Std. kalt stellen
50 g Schokolade □ oder 12 Amaretti	vor dem Verzehr bestreuen, Amaretti zerbröseln (italienisches Mandelgebäck)

Paradiescreme

1 P.	Paradiescreme Vanillegeschmack	verrühren
$\frac{1}{4}$ l	Milch	
250 g	Sahne	steif schlagen, unter die Paradiescreme heben
1	Kiwi ○	für die Garnierung

Abwandlung:

Paradiescreme mit Früchten

	eine Paradiescreme	zubereiten
	Obst nach Wunsch □	unterheben und anrichten

Abwandlung:

Paradiescreme mit Rum

	eine Paradiescreme	zubereiten
1–2	Essl. Pott-Rum	unterrühren
50 g	Schokolade □	für die Garnierung

Errötende Jungfrau (Buttermilchdessert)

1/2 l	Buttermilch	
60 g	Zucker	
	Saft einer Zitrone	verrühren
2-3	Essl. Pott Rum	
1	Prise Salz	
5	Blatt weiße Gelatine	in reichlich kaltem Wasser einweichen, jedes Blatt einzeln hineinlegen, nach 3 Min. die Gelatine leicht ausdrücken
1	Blatt rote Gelatine	
5	Essl. Wasser	kochen, Gelatine dazu, nicht mehr kochen, rühren, bis sie gelöst ist, unter die Buttermilch rühren, in Dessertgläsern anrichten, kalt stellen
	Schoko-Raspeln	als Garnierung

Buttermilchsahnedessert

1/4 l	Buttermilch	
1/4 l	Sahne	
50 g	Zucker	
	Saft einer Zitrone	Zubereitung siehe errötende Jungfrau
2-3	Essl. Pott Rum	
1	Prise Salz	
5	Blatt weiße Gelatine	
1	Blatt rote Gelatine	
	Sahne	Garnierung nach Wunsch
	Schoko-Raspeln	

Joghurtcreme

300 g 170 g 1	Joghurt, natur Zucker Zitrone (Saft)	gut verrühren
3 1/4 l	Essl. Pott Rum 54% Milch	dazu
4 1	Blatt weiße Gelatine Blatt rote Gelatine	in kaltem Wasser einweichen, jedes Blatt einzeln hineinlegen, nach 3 Min. die Gelatine leicht ausdrücken
5	Essl. Wasser	kochen, Gelatine dazu, nicht mehr kochen, rühren, bis sie gelöst ist, in die Joghurtmasse rühren
250 g	Sahne	steif schlagen und kurz vor dem Gelieren unter die Joghurtmasse heben
		in Dessertgläsern anrichten, kalt stellen
	Zitronenscheiben, ungespritzt	garnieren

Westfälische Quarkspeise

250 g Quark 5 Essl. Milch 30 - 40 g Zucker 1 P. Vanillezucker 2 - 4 Essl. Rum 1 Prise Salz	verrühren, abschmecken
1 Glas Sauerkirschen	abtropfen lassen
50 g Pumpernickel	zerbröseln
60 g Schokolade	grob schneiden
	alles lagenweise in eine Glasschüssel füllen

Himbeertraum

350 g Himbeeren	20 Min. auf Küchenpapier antauen lassen, in eine flache Schüssel geben
200 g Philadelphia Doppelrahmstufe 65 g Zucker 1 P. Bourbon Vanillezucker	schaumig rühren
250 g Sahne	steif schlagen, unter die Philadelphiacreme heben, die Creme 60 Min. vor dem Verzehr auf die Himbeeren geben, kalt stellen
50 g Himbeeren	auf Küchenpapier auftauen lassen, vor dem Servieren nach Wunsch garnieren

Anmerkung:
Die Philadelphia-Sahnecreme kann schon am Tag vorher zubereitet werden.
Die Sahne muss dann mit ½ P. Sahnesteif geschlagen werden.

Schottischer Traum

6 Pers.

400 g	TK Himbeeren	gefroren in eine Glasschale oder in Schälchen geben
1	große Dose Pfirsiche	abtropfen lassen, klein schneiden, auf die Himbeeren schichten
250 g 1 P.	Sahne Vanillezucker	steif schlagen, auf die Pfirsiche streichen
500 g 3	Joghurt, natur 3,5% Fett Essl. Zucker	verrühren, auf die Sahne geben
1-2 2-3	Essl. Farinzucker (brauner Zucker) oder Essl. Krokant	vor dem Servieren auf die oberste Schicht streuen

Eierlikörcreme

$\frac{1}{4}$ l Eierlikör 1 P. Bourbon Vanillezucker	verrühren
6 Blatt weiße Gelatine	nach Vorschrift auflösen, unter den Eierlikör rühren, kalt stellen
$\frac{1}{2}$ l Sahne	steif schlagen
	sobald die Crememasse leicht geliert, die Sahne unterheben
Puderzucker	abschmecken
300 g Himbeeren (TK oder frisch)	in eine große Schüssel geben
	die Eierlikörcreme auf die Himbeeren streichen, 2 Std. kalt stellen
100 g gehackte Mandeln	ohne Fett leicht anrösten, kalt stellen, vor dem Verzehr auf die Eierlikörcreme streuen

Anmerkung:
Die Hälfte der gerösteten Mandeln kann auch unter die Eierlikörcreme gerührt werden.

Beerencocktail mit Baiser

750 g TK Beeren-mischung	die Hälfte der gefrorenen, noch nicht aufgetauten Beeren in eine große Glasschüssel geben
100 g Baiser Tupfen (Schaumzuckermasse)	grob zerbröseln, die Hälfte der Brösel auf die Beeren streuen
600 g Sahne 2 P. Sahnesteif 1 Teel. Zucker	steif schlagen, die Hälfte der Sahne auf die Beeren streichen
	die restlichen Beeren, das Baiser und die Sahne lagenweise weiter schichten, den Beerencocktail 6 Std. vor dem Verzehr zubereiten, nicht in den Kühlschrank stellen

Eierlikörcreme auf Waldfrüchten

750 g TK Beerenobst	gefroren in eine große Glasschüssel geben
1 P. Bourbon Vanillezucker	darüber streuen
Creme: 2 P. Paradiescreme von Dr. Oetker Vanillegeschmack 600 ml kalte Milch	gut verrühren
½–1 Kaffeetasse Eierlikör	dazu, unterrühren
250 g Sahne	steif schlagen, unter die Creme heben, abschmecken
	die Creme über die Beeren gießen, 5–6 Std. kalt stellen

Heidelbeerkompott

400 g TK Heidelbeeren	in einem Sieb auftauen, Saft auffangen
Soße: 60 g Zucker	hellbraun karamellisieren
6 Essl. Wasser	schnell dazu (ablöschen)
1 Zitrone, ausgepresst 1 Orange, ausgepresst 100 ml Rotwein	dazu, nicht mehr kochen, ziehen lassen, bis der Zucker sich aufgelöst hat
1 Messersp. ger. Zitronenschale (Finesse v. Dr. Oetker) 1 Messersp. Orangenfrucht (Finesse v. Dr. Oetker) etwas Zimt Zucker	dazu, die Soße abschmecken
etwas Mondamin Heidelbeersaft Wasser	verrühren, die Soße binden, kalt stellen
	die Heidelbeeren in die kalte Soße geben

Anmerkung:
Heidelbeerkompott schmeckt zu Eis oder Waffeln besonders gut und kann auch warm serviert werden.

Obstnachspeise mit Crème fraîche

600 ml	Obstmus: z.B. aus Erdbeeren oder Apfelsinen mit Zitronen oder Aprikosen oder Pfirsichen	das gewünschte Obst mit dem Mixer pürieren
200 g 200 g 150 g 2–4	Crème fraîche Schmand oder Mascarpone Naturjoghurt Essl. Zucker	dazu, mit dem Obstmus verrühren, abschmecken
6	Blatt weiße Gelatine	kalt einweichen, ausdrücken
5	Essl. Wasser	kochen, die ausgedrückte Gelatine unter Rühren dazu, aufgelöst unter die Obstcreme rühren, kalt stellen
200 g	Sahne	steif schlagen, wenn die Obstcreme zu gelieren beginnt, die Sahne unterheben, in zwei mittelgroße Glasschüsseln füllen, 2–3 Std. kalt stellen
	Obst	vor dem Servieren mit dem entsprechenden Obst reichlich garnieren

Schwarzwaldspeise

8 Pers.

1	Glas Sauerkirschen	abtropfen lassen, den Kirschsaft auf-fangen
	Kirschsaft	zusammen unter Rühren einmal auf-kochen,
1 P.	Vanillepudding-pulver	die abgetropften Kirschen dazu, nochmals kurz aufkochen, etwas abkühlen lassen, in eine große, flache Glasschüssel geben, kalt stellen
250 g	Mascarpone	
150 g	saure Sahne	verrühren
100 g	Zucker	
1	Zitrone	auspressen, den Zitronensaft dazu
250 g	Sahne	steif schlagen, unter die Mascarpone-creme heben, 1–2 Std. vor dem Verzehr auf die kalte Kirsch-masse geben und glatt streichen
$\frac{1}{4}$ l	Eierlikör	vor dem Servieren auf die Creme gießen
50 g	Zartbitter-schokolade	grob schneiden, auf den Eierlikör streuen

6 Pers.

Philadelphia-Quark-Creme mit Kirschen

1	Glas Sauerkirschen	abgetropft in eine Glasschüssel geben
1 ½	Teel. Zucker Teel. Zimt	vermischen, über die Sauerkirschen streuen
500 g 200 g 50-60 g 8-10	Quark, 20% Fett Philadelphia Frischkäse Doppelrahm Puderzucker Essl. Milch	verrühren, abschmecken, auf die Sauerkirschen geben
10-12	Essl. Eierlikör	auf die Creme träufeln, 1-2 Std. kalt stellen
6-8	Essl. Schoko-müsli	vor dem Servieren auf die Creme streuen

Bourbon-Vanille-Quark

250 g 1	Quark, 20% Fett Becher Bourbon-Vanille-Soße (250 ml) v. Dr. Oetker	verrühren, in eine Glasschüssel füllen
	Rote Grütze v. Dr. Oetker oder Zimtzucker	nach Wunsch zum Bourbon-Vanille-Quark reichen

Mascarpone mit Sauerkirschen

6-8 Pers.

½ l Sauerkirschsaft (– 8 Essl.) Zucker nach Geschmack	zum Kochen bringen
1 P. Fruttina Kirschgeschmack 8 Essl. Sauerkirschsaft	zusammen verrühren, unter Rühren zu dem Sauerkirschsaft geben und einmal aufkochen lassen
2 Gläser Sauerkirschen	abgetropft dazu, in eine große Schüssel füllen, kalt stellen
500 g Mascarpone 250 g Quark 4-5 Essl. Zucker 2 P. Vanillezucker 6-8 Essl. Zitronensaft 250 g Sahne	zusammen verrühren, abschmecken
	die Mascarponecreme locker auf die kalte Sauerkirschmasse geben

Mascarpone - Sahne - Creme

250 g Mascarpone 2 P. Vanillezucker 2-4 Essl. Eierlikör 2 Essl. Weinbrand oder Rum	verrühren
250 g Sahne	steif schlagen, dazu, unterziehen
1 Becher (500 g) Rote Grütze von Dr. Oetker, ohne Konservierungsstoffe	in eine Glasschüssel füllen
	die Mascarpone-Sahne-Creme auf die Rote Grütze geben
Verfeinerung: 100 g TK Beerenobst oder frische Früchte	vorsichtig unter die Rote Grütze rühren

Mascarponecreme mit Roter Grütze

250 g	Mascarpone	
250 g	Magerquark	zu einer cremigen Masse
2-3	Essl. Zucker	verrühren,
1 P.	Bourbon Vanillezucker	abschmecken
3-4	Essl. Zitronensaft	
1/2	Kaffeetasse Milch	
250 g	Sahne	steif schlagen, dazu, unterheben
1/2	Becher (250 g) Rote Grütze von Dr. Oetker, ohne Konservierungsstoffe	vorsichtig verrühren
100 g	TK Beerenobst	
		die Mascarponecreme in eine Glasschüssel füllen, die Rote Grütze auf die Creme geben, 1 Std. kalt stellen

Anmerkung:
TK Beerenobst kann auch entfallen, dafür etwas mehr Rote Grütze verwenden.

Erdbeer-Mascarpone-Quark

500 g	Erdbeeren	waschen, putzen
3	Essl. Zucker	dazu, ziehen lassen
250 g 250 g 1-1½ 8-10 1¼ 1 P.	Mascarpone Magerquark Essl. Zitronen-saft oder Limettensaft Essl. Orangen-saft Essl. Zucker Bourbon Vanillezucker etwas Milch oder Sahne	verrühren, abschmecken, kalt stellen
		Erdbeeren und Mascarponequark erst vor dem Verzehr in Cocktailschalen schichten oder Erdbeeren und Mascarponequark getrennt servieren
	Erdbeeren mit Grün	waschen, abtropfen, für die Garnierung

Erdbeeren mit Schmand-Dickmilch-Creme 8 Pers.

500 g Schmand 500 g Dickmilch 100 g Zucker 4 Essl. Zitronensaft	verrühren, abschmecken
10 Blatt weiße Gelatine	in kaltem Wasser einweichen, ausdrücken
6 Essl. Wasser	kochen, Gelatine sofort dazu, nicht mehr kochen, rühren, bis sie gelöst ist, in die Creme rühren, kalt stellen
250 g Sahne	steif schlagen, kurz vor dem Gelieren der Creme dazu, unterheben
1 kg Erdbeeren	putzen, waschen, gut abtropfen lassen
	die Erdbeeren mit der Creme in Gläser schichten

Anmerkung:
Die Erdbeeren können nach Wunsch vorher gezuckert werden, jedoch ohne Flüssigkeit schichten.
Diese Schmand-Dickmilch-Creme schmeckt zu jedem Obst.

Erdbeer-Tiramisu

6 Pers.

24	Löffelbiskuits	in eine rechteckige Glasschüssel legen
1	Tasse Espresso oder Mokkakaffee	erkalten lassen, die Biskuits beträufeln
250 g 125 g 60 g 1 P. 3	Mascarpone Quark Zucker Vanillezucker Essl. Wein oder Amaretto	verrühren
1 $\frac{1}{2}$	Becher Sahne	steif schlagen, unter die Mascarpone-Quark-Creme heben
	Puderzucker	abschmecken
		die Hälfte der Creme auf die Löffelbiskuits streichen
500 g	Erdbeeren	waschen, putzen, pürieren, auf die Creme geben
		die restliche Creme vorsichtig über das Erdbeerpüree streichen
500 g	Erdbeeren	waschen, putzen, vierteln
3	Essl. Cointreau	die Erdbeeren beträufeln, als letzte Schicht auf die Creme geben
		bis zum Verzehr kalt stellen

Tiramisu

¼ l Milch 40 g Zucker 1 P. Vanillepudding-pulver	eine Vanillecreme herstellen, Klarsichtfolie direkt auf die Creme drücken, etwas abkühlen
1–1½ Tassen starken Kaffee (Espresso)	kalt stellen
200 g Magerquark 80 g Zucker 2 kl. Gläser Cognac	verrühren
	nach und nach die noch warme Vanillecreme unter die Magerquark-masse rühren
100 g Sahne	steif schlagen, unter die Quark-Pudding-Masse heben
24 Löffelbiskuits	auf eine Platte legen, mit dem Kaffee beträufeln
	abwechselnd Biskuits und Creme in eine Form schichten, die letzte Schicht ist eine Cremeschicht
1–2 Essl. Kakao-pulver	dick bestreuen

Mindestens eine Stunde im Kühlschrank ruhen lassen.

Herbstlicher Obstsalat

125 g helle Weintrauben 125 g blaue Weintrauben	waschen, halbieren, entkernen
200 g Pflaumen	waschen, mit einem Tuch abreiben, entkernen, vierteln, dazu
2 Birnen 2 säuerliche Äpfel	waschen, abtrocknen, vierteln, das Kerngehäuse entfernen, ungeschält in Streifen schneiden, dazu
6 Essl. Zitronensaft	die Birnen und Äpfel beträufeln
50 g Walnusskerne, grob gehackt	dazu, mit dem Obst locker mischen
Salatsoße: 2 Orangen	auspressen
1–2 Essl. Zucker 1 Essl. Honig 3–4 Essl. Himbeergeist	verrühren, dazu, unter den Salat heben
	abschmecken, anrichten

Apfel-Rum-Dessert

2	gr. Boskop Äpfel □	in einen Mikrowellen-Topf geben
125 g	Rum Rosinen von Schwartau	dazu, zugedeckt in der Mikrowelle erhitzen
2-3	Essl. Rum Pott Rum 54%	
250 ml	Bourbon-Vanille-Soße von Dr. Oetker	über die Äpfel gießen, unterheben, in der Mikrowelle gut erhitzen, die Apfelstücke sollen bissfest bleiben, unbedingt heiß servieren

Weinschaumsoße

1/4 l Weißwein 3 Essl. Zitronen-saft 100 g Zucker 1 P. Vanillezucker 2 Eier 1 Teel. Vanille-puddingpulver oder Mondamin	alles in einen Topf geben, unter ständigem Schlagen mit dem Schneebesen nur einmal kurz aufkochen, sofort von der Kochstelle nehmen
	nach Wunsch mit Vanilleeis anrichten, die Weinschaumsoße heiß dazu reichen

Serbischer Eisbecher

8-10 Pers.

250 g	Quark	
2	Essl. Zucker	alles gut verrühren
1	kl. Glas Portwein	
2-3	Essl. geh. Mandeln	
1	gr. Dose Pfirsiche	abtropfen lassen, pürieren, unter den Quark rühren
1	Haushaltspackung Vanilleeis (750 ml)	leicht aufgetaut unter den Pfirsichquark rühren
	Früchte nach Wunsch □	in Gläser füllen (Eisbecher)
		die Eiscreme auf die vorbereiteten Früchte geben
	Eiswaffeln	garnieren, sofort servieren

Inhaltsverzeichnis nach Sachgebieten

Alphabetisches Rezeptverzeichnis

Für Notizen: